吴國縉集（外一種）2

（清）吴國縉 撰

政協全椒縣委員會 編

國家圖書館出版社

全椒古代典籍叢書

第二册目録

詩韻更定五卷（卷四至五）

（清）吴國縉 撰

清康熙間緑蔭堂刻本

世書堂詩韻更定卷之四目錄

去聲

八霽　共一百七十二字　二選一百二十五字　汰四十七字

九泰　共六十五字　選四十九字　汰十六字

十卦　共七十字　二選五十九字　汰十一字

十一隊共一百二十字　二選九十五字　汰二十五字

十二震共八十字　選七十字　汰十字

十三問共三十三字　選二十四字　汰九字

十四願共四十三字　選四十字　汰三字

十五翰共一百零四字　二選八十六字　汰十八字

十六諫共三十五字　三選二十八字　汰七字

廿六宥共一百三十三字
選一百二十一字
汰十二字

廿七沁共三十二字
選二十七字
汰五字

廿八勘共二十四字
選二十字
汰四字

廿九豔共三十四字
選三十一字
汰三字

三十陷共十八字
選十六字
汰二字

世書堂詩韻更定卷之四 去聲

鄞湖吳國縉玉林甫編輯

一送

送○洞徒弄切疾流也空也又洞洞敬也　動動之也凡物自動則上聲彼不動而我動之則去聲　慟大哭也哀過動心　恫恫惚恫不得志　痛他貢切病也傷也隱也又楚也疼也　○中陟仲切當也傳云中興又的也又要也周禮凡官府都鄉州及都鄙之治中受而藏之又治中治職簿書之要也又當其中而豔之曰中又著其中曰中中郎中中風中中惡中中讒之中　衷折衷平也折斷也衷當也又不輕不重之謂通作中　衆之仲切多也三人爲衆數成於三也又介衆公衆古作㐺　仲直衆切中也次也伯仲季也或作匜亦作中爾雅中籥三孔笛也又産仲大籥謂之産其中謂之仲小者謂之箹又姓

○凍多貢切水凍也棟極也棟謂之桴中也居屋之中蝀螮蝀也○糉作貢切角黍也
或作粽屈原五日投汨羅楚人是日以竹筒貯米投水祭之緵緵罟謂之九罭一曰百囊罟偬
倥偬苦也一曰困貌或作揔○控苦貢切引也又告也又控制也又止馬曰控謂勒止也空
窮也又缺也又虛也鞚馬勒也○夢莫鳳切音與幪同不明也一曰草中曰夢又雲夢澤名又
㝱寐之㝱通作夢瞢目不明也懜惛也或作懵○鬨胡貢切鬭聲哄衆聲唱聲又騶
哄呵喝聲○貢古送切獻也周禮九貢祀貢嬪貢器貢幣貢材貢貨貢服貢游貢物貢也又稅名又
鳶也又姓羾飛至也或作翃○弄盧貢切弄玩也戲也又侮也又雅弄曲弄撫弄礱磨也○
送蘇弄切遣也將也隨也古作遜又贈行曰送又它送非橐中物曰它送又齎送行者齎居者送又縱
送發矢曰縱從禽曰送○鳳馮貢切鳳之象鴻前麐後蛇頸魚尾鸛顙鴛思龍文龜背燕頷雞喙

多赤色者鳳多青色者鸞多黃者鵷多紫者鸑九苞六象七德五文行鳴曰歸嘻止鳴曰提扶飛鳴曰郎都雄曰鳳雌曰凰古作𠕁○諷方鳳切通也背文曰諷一曰諫刺也託言曰諷又微加曉告也或作風○幪蒙弄切蓋衣也又蓋巾象形中幪巾或作幪○賵撫鳳切贈死之物車馬曰賵貨財曰賻衣被曰禭玩好曰贈知生者賵賻知死者贈禭一曰歸死曰賵歸生曰賻

汏字

[illegible]贛灨[illegible]湅湩[illegible]絧詷霿

二宋

選全無汏

宋

○頌似用切一曰告成功之詩又歌也又頌誦也誦今之德廣以美之通作訟○誦諷也又臨文爲誦誦從也以口從其文也讀誦也又公言之也○訟爭也又卦名又爭罪曰獄爭財曰訟又責也古作訡

亦作○雍於用切九州名雍擁也東嵴西漢南商北
公　居庸四山之所擁翳也又姓古作邕亦作
雝壅塞也一曰加土封也饔熟食又朝食曰饔○從
廱　培也或作壅亦作壅　夕食曰飧或作饔
疾用切隨行也本作𨒪又從天子法駕曰法從侍
從又漢時謂隨使出疆爲少從亦曰傔從傔兼也縱
子用切緩也一曰舍也綜子宋切音與糉同機縷也
放也或作從古作縱　綜理經也謂機縷特絲交
者○俸扶用切音與縫衣會○種之用切蒔重柱用
　賵同菰根也　也　也布之也　切厚
也一曰再也更爲也輕重之重在上聲重再之○葑
重在去聲又云動靜輕重字俱上去二聲通押
芳用切音與封爵土○宋蘇統切居也一曰地名郎
賵同菰根也　也　閼伯之商丘又州名又姓
○統他綜切音與痛同紀也一曰攝○戇丑用切○
　理也總也總也緒也總御也　愚也
用余頌切用可施行也使也貨也○共渠用切同也
通也以也任也庸也又器用也　皆也合也公

也○供居用切設也一曰供給也又養也具也或作共

三絳 選全無汰

○絳古巷切大赤也又地名降下也又歸也落也又貶也古作夅虹螮蝀周禮眡祲九曰隮虹也又縣名洚水不遵道又大也通作降○巷胡絳切邑中道也本作衖又直曰街曲曰巷又宮中長廡相通曰永巷或作衖亦作鬨○惷陟降切愚也本作戇亦作贛○撞直降切擣擊也

四寘 一選

○寘支義切止也又置也又廢也俗作寘非觶鄉飲酒觶或作觗觝又觶受四升又實曰觴虛曰觶又尊者舉觶卑者舉角觶適也飲當自適受三升角觸也不能自適觸罪過也受四升忮也

一曰懻忮强害也傷害也通作伎至脂利切音與寘同到也又極也鷙擊殺鳥也鷙鳥執也能執服

衆鳥一曰鳥之勇獸之猛皆曰鷙或作鷙通作摯又蝬鷙毛鷙贄贄之言至所以自致也本作贄或作

質又作摯史記作執摯握持也解也又國名致陟利切音與寘同送詣也又致也極也又使之至也

又趣也到也又與也又書致文致躓跲也輊本作韓詩如輊如軒史居前不能令人輊居後不能

令人軒或作輖蟄轋質物相贄也或作劕緻直利切寄也或作致工致理致遲待也又欲速而

以彼爲緩曰遲使彼徐行以待此亦曰遲或作遟穉幼禾晩種後熟者一曰穗之低小刈所不及又

人物幼小皆曰稺或作稚亦作𥢑秩治理也攻也理效也古作乱治本平聲脩治字借爲去聲志

職吏切音與寘同志者心之所之也意慕也又遠志一名小草誌記也或作識又器之款鏤爲識通作

志又作幟織織文也錦綺屬或作結紱值直吏切音與緻同持也又逢遇也或作直宿值謂值其星

古字以**植**立也種也又樴也又曲植縣蠶薄柱周禮
直爲值大役屬其植築城楨幹也又華元爲植謂
部曲將吏監作**樴**昌志切盛**置**陟吏切音與寘同赦
者又并植倒植也或作樴也置之則去之也又
安置也設也建也又驛傳馬遞曰置**第**牀格謂**智**先
步遞曰郵一曰驛置又廢置又倒置之第義
切音與寘同識也心**幟**昌志切旗〇**四**息利切四陰
有所知也或作知也或作織數也象四方
之形古**肆**極陳也一曰放也又故今也又遂也承上
作三起下之辟又空也又恣也放也又市齎之
舍又既刑陳尸曰肆又縣鐘磬半爲堵全爲肆編縣
之二八十六枚在一簴曰堵鍾一堵磬一堵曰肆又
唐肆今過路亭無**駟**一乘四馬也古者一轅之車駕
壁者又書肆講肆三馬則五轡夏后氏駕兩謂之
麗殿益一騑謂之驂周又益**泗**泗受涕水東入淮又
一騑謂之駟又鈞駟結駟泗水源在兗州泗水
縣東陪**寺**祥吏切寺廷也有法度以守也官之所止
尾山職有九寺又凡府廷所在皆曰寺又浮屠

所居皆謂之寺**嗣**諸侯嗣國也又繼也古作孠**飤**糧也食也又以食食人也或作飼亦作食又作飴**笥**相吏切音與賜同竹器圓曰簞方曰笥飯及衣之器**思**慮也念也意也情緒也又悲也又文思道德純備謂之思**伺**奄闞也候察也又偵候也或作覗通作司**司**主也**使**踈吏切將命者又遣人聘問曰使**屣**履不躡跟**駛**馬行疾也**曬**曝也史白日曬光幽隱皆照**賜**斯義切予也賜之言易有故而與之也上于下曰賜下獻上曰貢○**冀**九利切音與寄同北方州也或作兾冀州其地有險有易帝王所都亂則冀安弱則冀強荒則冀豐又欲也又姓**驥**千里馬也孫陽所相者**覬**覬覦希望也欲幸也或作幾**暨**其冀切音與芰同日頗見也本作洎及也**洎**灌釜也潤也古溉字又與暨同**旣**至也**記**居吏切疏也謂一一分別記之也又志也又書疏又奏記賭記**其**語巳辭或作忌巳又作忢近通作記**悸**其季切心動也古賦心愧愧而發悸**季**居悸切小稱也又末也凡

時之末月曰季月世之末曰季世**企**去智切舉踵也古作佱通作跂**跂**垂足也又登也又跂隅貌織女三星鼎足望之跂然而成三角**芰**奇寄切蔆也兩角為菱四角為芰總謂之水栗或作茤**騎**乘馬也又馬軍曰騎又梟騎飛騎**寄**居義切記也附也又寓也傳也又東方曰寄又興寄又請寄謂以私事相託也○**義**宜寄切宜也裁制事物使合宜也或作誼**議**語也一曰謀也擇也評也通作誼**儗**佁儗固滯貌又不前也佁音熾**異**羊吏切音與易同分也奇也又怪也違也不同也古作𢁀通作异**食**人名通作異**詒**遺也貺也或作貽**异**舉也又已也退也异聲近已已訓止是停住之意故為退也又歎也**意**於記切志也見之於外曰意意猶抑也含其言欲出而抑之又心所嚮也**薏**薏苡草名一曰蓮的中本作薔**肄**羊至切音與易同習也又嫩條也又餘也斬而復生為餘或作肆**勩**勞也通作肄**懿**懿於冀切專久而美也又溫柔聖克也又大也**遺**以醉切贈也餽也或

作贖**易**以豉切本作傷輕慢也又易難之對又簡易平易和易又治也又闔易衣長貌○**鼻**眦至
切引氣自畀也畀助也又鼻始也人之肧胎鼻先受形故謂始祖爲鼻祖古作自从自俗作臬非**比**
近也又阿黨也又卦名比輔也又頻也比比年頻年也又五家爲比又已行故事爲比**畀**必至切音與臂
同相付與也或作捭**庇**廕也或作芘**祕**兵媚切音與賁同神也祕之言閉祕不可宣也又密也視
也勞也或作祕**閟**閉門也深也幽也**毖**慎也密也又告也一曰遠也**轡**馬轡也馬轡御者駑
馬以鞭爲主騁馬以轡爲主或作轡**賁**邑名在魯亦作鄪○**嗜**當利切音與豉同喜欲之也或
作耆亦作𩝐𨢭䐗**視**瞻也上去二聲通押**示**神至切音與値同垂示也又呈也亦借作視**謚**
行之迹也本作謚誄行之號以易名也**試**式吏切音與翅同用也又嘗也探也較也**始**方始爲之
也**侍**時吏切音與豉同承也承其不及近也侍從也又內侍常侍**蒔**更別種也植立也○

詈力智切罵也一曰正斥曰罵旁及曰詈

離去也漸相遠離又肉不附骨也亦作离

荔荔枝又薜荔草名

利力至切銛也吉也又通也宜也財用也功用也古作秎

莉茉莉花名南越五穀無味百花不香獨茉莉花與素馨不隨水土而變

蒞臨也通作涖又曰涖涖水聲

吏力置切音與詈同理也理其縣內又受命于天則謂之天吏受命于君則謂之官吏又府史之屬亦謂之吏

○

積子智切音與恣同聚也儲蓄也亦作柴凡薪芻之積皆曰柴

柴義與積同

自疾二切音與字同自鼻也象鼻形一曰從也已也用也由也率也

字疾置切乳也又愛也小國貢輕字之也又文字字者孳也相生無窮黃帝臣沮誦蒼頡觀鳥跡以作文字點畫象形謂之文形聲相益謂之字

孳乳化曰孳交接曰孳書鳥獸孳尾

○

背目睚也又睢背舉目相忤貌又衣背謂之襟言袵交處或作聉

漬疾智切音與字同漚也浸潤也又四足曰漬謂相瀐汚而死又大災大漬也更相染漬而死古作洓

恣資四切縱也　○**啻**語時不啻也一曰諟也餘也或作翅　**翅**施智切翼也又不翅過多也或作狐又作狓又作踶猳

施惠也與也凡施設之施平聲施與之施並平去通押　○**餌**初吏切音與二同羞籩之實有糗餌粉餈合蒸曰餌粉之曰餈又內則去其餌筋腱也又釣啗魚者本作鬻亦作粥

咡口旁曰咡記負劍辟咡詔之謂傾頭與語　○**器**去冀切皿也象器之口犬所以守之又神器國器欿器或作噐

棄詩利切捐也本作棄古作弃又播棄擯棄　○**刺**七賜切君殺大夫曰刺刺直傷也又針刺也又棘芒也又刺取之也又訊也又刺史官名又書姓名於奏白曰刺又諫刺下以風刺上俗作刺非

次七四切音與刺同不前是次于上也不精是其次也又次第也凡師再宿為信過信為次又位次也大次小次若今更衣處又掌次自修正處又造次次草次躔次旅次古作𠄞字从二俗作冫非

○**饎**熟食一云炊黍稷或作糦喜又作饑饎又作餓　**亟**去吏切音與器同敏疾也數也又遽也

○地徒四切地者坔也坔而高也山嶽丘陵墳衍坔而卑也臯隰汙潢又東西二億三萬三千里南北二億三萬一千五百里或作坔埊又作墬墜 ○胾側吏切大臠也記左殽右胾肉體曰殽切肉曰胾 ○戲香義切三軍之偏也一曰兵也所謂戲下也又弄也謔也歌也 ○膩女利切土肥也或作膩

四寘 二選

○遂徐醉切因也達也進也成也安也止也往也從志也又田間小溝曰遂又五縣爲遂百里外六遂又遂者兩事之辭又擅成事也又因循也又容遂舒緩放肆貌又拾遂著于左臂以遂絃者又州名 燧塞上亭守烽火者本作𤈏又火燼又鑽燧取火於木又方諸陰燧取水於月陽燧取火於日作鐩 璲佩玉也謂以瑞玉爲佩也 繸繸綬也佩玉組所以連繫瑞玉或省作䍁亦作鞻 篲掃竹也或

作彗又彗星欃槍彗孛長三星孛芒短其光四出蓬
蓬勃勃彗光芒長參參如掃彗長星光芒直指或竟
天或十丈**穗**禾成秀或作**邃**雖遂切**粹**不雜也純粹
三丈二丈遂亦作穟深遠也精也又純也
誶讓也又**祟**神禍也一曰禍者人之所召神而**萃**秦
言也附之祟者神自出之以警人者醉
切草貌一曰聚也又卦名**瘁**病也勞也**顇**形容顦顇
通作崪又七萃周兵屯通作萃勞苦見于
貌也又作蕉萃亦作○**賁**彼義切飾**跛**偏任也一足
焦瘁又通作憔悴也又卦名反立也偏任
篤跛倚**詖**辯論也譣詖謂不正陰險**陂**傾也傾衺
物篤倚不平之言又慧也佞也也通作詖**帔**
披義切音與濞同帬帔又**被**寢衣長一身有半一曰加
也又霞文帔或作被襬也覆也覃及也又蒙也
避毗義切音與鼻同**備**平祕切音與髲同具也本作
迴也違也或作辟葡防也底也皆也副也預辦
也俗卑義切肱**嬖**便辟也愛也又賤而**譬**匹賜切
作偽**臂**也臑也得幸曰嬖或作辟猶匹也

四而諭之也或作辟

○**喟** 丘愧切太息也或作貴

巋 獨貌莊子巋然而有餘

僞 危睡切詐也假也僞者人爲之非天真也人爲爲僞

委 委積牢米薪蒭之總名又末曰委源泉所出委泉所聚

爲 于僞切助也所以也緣也被也又護也與也

位 于愧切止也列也佐也聖人之大寶曰位又凡所當立者皆曰位

諉 女恚切誣諉累也又託言也

觖 窺睡切音與喟同怨望也

○**匱** 注見鐀字一曰乏也竭也

饋 通作餽餉也追食于尊曰饋或作歸

簣 土籠也或作籄亦作匱通作匱

蕢 草器也古作臾

媿 俱位切慚也或作愧亦作謉臑

○**媚** 明祕切說也嫵媚又蠱也又愛也又僾媚

魅 本作財人面鬼身四足好惑人山林異氣所生古作杲亦作袜

寐 彌二切臥也寐之言迷也不明之意也又昧也目閉神藏

○**類** 力遂切善也法也等也又勤施無私曰類

淚 目液也

累 良僞切事相緣及也縈也玷也古作纍或作絫

○**睡** 是僞切坐寐也今睡眠同稱

瑞 以王爲信也六

瑞王鎮圭公桓圭侯信圭伯躬圭子穀璧男蒲璧人執以見曰瑞禮神曰器瑞符信也又祥瑞也又州名

○**縋**馳僞切以繩有所懸也**錘**稱錘也錘謂之權一曰八銖○**惴**之瑞切憂懼也**墜**直類切音與縋同亦作隊崩墜也

○**二**而至切地之數也古作弍亦作貳變易無常之謂二又巽二風神**貳**副貳相裨益也又副車曰貳車又疑也又攜貳離心也又作貸

○**出**尺類切音與吹同自內而外也凡物自出則入聲使之出則去聲○**睢**香萃切恣睢暴戾一曰自得貌○**醉**將遂切卒也各卒其度量不至亂也一曰酒潰也

○**帥**所類切將也主也領也率也統也亦作率

豉是義切配鹽幽尗也本作敊尗豆也幽謂造之幽暗也

汰字

襚禭澻憒穊塈臮樲髲骴膇縊餧恚懿饋濞糒畀

贔瘌劓憒鷙佽髲庳屭隸痣紩椔剚牸眙珥刵毦廁
惎埴

五未 一 選

未
未貴切音與僞同穀府也一云脾之府穀之委
〇胃故脾稟氣於胃又西方宿名十四度爲五穀之
府謂報也謂之是報之也言也告也又事有可稱曰
有謂失于事宜不可名言曰亡謂非與之言而
稱其人亦曰謂指事而言渭有三源並出鳥鼠山
亦曰謂稱其言亦曰謂渭今名青雀山涇濁渭清
合流三百蝟蟲似毫豬本作彙可治胃彙一曰類也
里不絕欬占詩鋒蝟斧蟾或作猬古作蒷
緯織橫絲也從囗經橫曰緯緯在杼經在柚又南北
爲經東西爲緯又天文定者爲經動者爲緯又絡
緯蟲未無沸切味也六月之辰也五行木老于未象
名木重枝葉也太歲在未曰協洽又昧薆于未

又巳未也**味**滋味也五味以酸養骨以辛養節以鹹養脉以甘養肉以滑養竅**尉**於胃切音與餧同自上按下曰尉又持火所以尉熨繒也火斗曰尉又太尉廷尉校尉縣尉**慰**安也一曰恚怒也通作尉**蔚**牡蒿也一曰草木盛貌又文深密貌**畏**惡也忌也又心服也怯也或作威○**費**散財用也財散出如湯沸然耗也糜也**沸**方未切本作滭泉涌出貌又觱沸麻沸糜沸**誹**謗也其議也或作非**髴**髣髴見不審貌或作⿱弗公又作放悲**芾**蔽芾小木盛貌或作茀○**翡**赤羽雀**蜚**臭蟲負蠜也本作蠹卽草蟲也一名蜚蝱一名飛蠊又獸名蜚如牛白首一目蛭尾行水則竭行草則枯見則有兵疫**費**扶沸切姓也又邑名○**卉**草之總名古作芔又芔然猶欻然也又劉莅芔歘林木鼓動之聲**諱**許貴切誋也又隱也又護短曰諱又生曰名死曰諱○**貴**居胃切本作䝿歸也物所歸仰也尊也高也貴賤之反又州名又姓

五未 二選

○餼許既切音與戲同饋客之芻米本作氣一曰牛羊豕爲牲繫養者曰牢熟曰饔腥曰餼生曰牽亦作既 愾太息也又至也 霼靉霼雲貌 欷泣餘聲也亦作唏 墍仰塗也謂取之於地霑土濕也或作嘅古作垩 ○既居毅切盡也一曰已也 漑灌也 ○氣去死切本作乞象雲起之貌古作炁又累氣屏息也 乞與也 ○毅魚既切音與義同有決也果敢也殺敵爲果致果爲毅 ○曁其既切音與芰同及也 ○璣珠不圓者 ○衣於既切服之也又著衣也

汏字

屝厞痱𨁈罻[illegible]狒熂

六御

御

○據居御切杖持也依也引也按也拒守也通作据俗作㩀非鐻器名形似夾鍾削木為之倨倨傲不遜也或作裾通作居踞蹲踞獸直前足坐也又踞厠臨高垂下也又踑踞大坐也一作箕踞言傲坐申兩足以手據膝形如箕作倨鋸槍唐也又刀鋸斧鋸居居居懷惡不相親比貌一曰處也又止也又坐也遽其據切傳駟車也以車曰傳以馬曰遽傳車尚速故又為窘迫也又薄遽薄迫也遽速也又急也疾也猝也又蛬遽上天神獸詎未知詞也又豈也或作巨亦作渠醵合錢飲酒或作醧○豫羊洳切逸也敘也安也厭也遊也悅樂也又卦名又猶豫獸名性多疑不決又州名或作舒亦作預與及也參與也干也通作預預先也安也或作忬通作豫澦灩澦水名在瞿唐峽口或作豫蕷藷蕷亦作藇譽稱也御牛倨切使馬也或行或卸皆御者之職也六御鳴和鑾逐水曲過君表舞交衢逐禽左過君表者褐纏旃以為門表纏質以為槸閒容握驅而入擊則不得入古作

馭一曰侍也進也又勸侑曰御又侍夜勸息又御埏
尊者謂之御卑者謂之服又天子所止曰御前又義
御卩也緝御徒御又魚巨切以遲倨切匙箸
擨十粺九鑿八御七語言告人也〇箸又挾也或作
櫡朝內列位又門屛去也又陟慮切明也立
筯著聞曰著或作宁除開出也著也又補也成也
定也又紀述章恕切飛舉也翔翥也常恕切
也古作䎛翥或作翥又騰翥軒翥〇署部署也
書也又官舍曰署著一曰位政之建也署著旦也商
位之表也謂表識也又賓署著平署著禁署著曙曉也恕署著
切以已體人侈也又冀也近也幸〇獲屬一曰
曰恕古作恕庶也又庶幾也又嫡庶狙狙犬齧人
者狙善詐莊助切詛咒謂咒之使沮敗一曰大事
故以爲名詛曰盟小事曰詛又以禍福之言相要曰
詛或作䚷又將預切水名又良倨切思有所
作譇亦作伹沮漸沮浸溼之地〇慮圖曰慮慮猶縷
也憂也疑也又總計曰亡慮舉凡之言無濾瀌去鑢
非思慮而大計猶言多少如是無疑也滓也

錯銅鐵也摩錯之也或作鑢又作鋁○茹人恕切飤餧也一曰菜也茅根也又食也受也又測度也

洳漸溼也○飫依倨切飽也厭也或作饇亦作䬼淤

淤澱滓濁泥又水中可居為洲處曰淤

或作⿰土於通作閼○疏所去切條陳也又記也○去丘倨切人相違也離也來去離去相去去

就之去○絮息據切敝緜也精者曰緜繭內衣護蛹者與其外膜緒雜為之曰絮一曰冒絮頭上

巾也又柳絮蘆絮雲絮○助牀據切佐也又益也又助賦名作耡鋤今作助○女尼據切以

女妻人也○處昌據切所也又州名俗作處非○覷七慮切伺視也或作䁦通作狙俗作覷非

汰字

棜菸瘀勴懅歔㰦

七遇　一選

遇

○悟覺也心了也古寤寐覺而有言曰寤一曰晝見

作晤通作寤而夜㝱也又寐覺也或作害

啎明也又對梧魁梧大貌魁大誤五故切謬也通作

也或作晤梧者言可警悟悞悞欺也又惑也

捂斜相抵觸也相支拄不安也又斜觸謂之捂下觸

謂之抵抵捂言其參差也通作梧枝梧小柱爲枝

邪柱忤逆也本作啎或作牾亦務亡遇切趣赴此事

爲梧作午又作蘁通作迕也又事務也專力

也霧地氣發天不應也本作霚又冒也陰陽婺婺女

亂爲霧霧氣蒙冒覆地之物也或作雺星又

州瞀目不明一鶩本作鶩鶩雛騖亂馳也直馳曰汙

名曰俯視也舒鳧鴨也馳亂馳曰騖

烏路切薉也一曰小池惡恥也憎也㤉貪也本作婪

爲汙又染也或作洿洿盂或作諲通作汚亦作

洿○裕羊戍切衣物饒也道諭告也因其未悟告之

也容也寬也或作褎使曉譬諭也諫也或

作覦又嘔呼也一瘉病也詩交嫗衣遇切音與飫

諭和悅貌頨曰和也相爲瘉同老嫗也母也

又喣嫗覆育以氣曰喣以體曰嫗**嘔**和悦貌史嘔喻受之**燠**煦咻痛念之聲或作噢**遇**牛具切音與御同逢也相偶也又不期而會曰遇又待也又位遇神遇**寓**寄也又形寓流寓或作庽**雨**王遇切音與御同自上而下曰雨今風雨字在上聲而雨下之雨在去聲**羽**鳥翅上去二聲通押舊注羽音之羽上聲毛羽之羽去聲**芌**狀如蹲鴟或作芋一名土芝之○**屨**九遇切音與據同履也又鞮革屨也又禪下曰屨複下曰舄又扉屨草屨也**瞿**鷹隼之視也又驚視貌又瞿瞿遽瞻之貌又不審貌又無守貌**句**文詞止處曰句句者局也又臚句上傳語告下曰臚下告上爲句**呴**吁句切音與噓同氣以溫之也或作欨亦作咻休**昫**日出溫也**煦**烝也一曰赤貌一曰溫潤**酗**醉醟也本作𨠬沈酗于酒又醉怒曰酗**懼**其遇切音與遽同恐也古作愳**具**共置也備也辦也又器具也又俱也又玉具劍又櫑具劍又龍具牛衣寒具油饊餅**颶**嶺嶠夏秋雄風四面俱至曰颶**屢**泿遇切音

與慮同頻數又疾○付方遇切予也从手持物傳相
也或作婁古作嬰　付以對人曰付又授也　也
師傅官名傳傅賦斂也量也又班也又詩有六義一
之德義又姓賦曰賦謂敷布其義又不歌而頌曰
賦又兵師爲賦又貢士曰賦又發附符遇切迎也託
施也又給與也責取也稟受也　也寄也依也麗
也又益也又疏附率祔後死者合食于先祖鮒小魚
下親上也又胏附　曰祔又合葬曰祔　此魚
旅行吹沫如星以相即謂之鯽以傅著也又著名籍
相附謂之鮒又井谷射鮒謂蝦蟇　給公家徭役曰
傳又牽合賻助也贈終布帛曰賻又芳遇切趨也
曰傳會　錢財曰賻又歸生曰賻赴奔赴也至也
仆偃仆也或作踣○步薄故切行也堂下謂之步步
亦作掊又作趦　布也堂下布武人跡三尺法
天地人再舉足步備陰陽也六尺曰步又輦行曰步
後世稱輦曰步輦謂人荷而行又徒鼓瑟謂之步又
水際曰步又天步國步徒步故酺會聚飲食也一曰
步又蟒名禁步字从少作少誤　災害之神馬病蝗

蝡皆祭之**捕**取也擒也**哺**口飼也又哺咀食在口也通作餔**布**博故切枲織也麻苧葛曰布一曰散也祭星曰布謂散食于地又陳也又錢別名錢行之曰布藏之曰泉又露布提布瀑布古作尃雲尃霧散通作抪**抪**擊也持也**圃**種菜曰圃又圃田鄭地**悑**普故切本作悑惶懼也**鋪**設也陳也賈肆也一曰鋪首著門銜環者○**註**中句切解也識也疏也記物曰註通作注**屬**甲札之數犀甲七屬通作注**駐**株遇切音與著同馬立也一曰止馬**住**立也又停手**注**之戍切音與著同灌注水流射也又眷注意所主也又側注漢高山冠名又尪注鉤注金注又剡注射儀跗注韎韋戎服日注雨浙茶名或作屬犀甲七屬上旅下旅札續之數亦作主**炷**燈也燼所著者**鑄**鎔鑄也銷金也**澍**時雨也或作霔○**顧**古暮切還視也回首也又顧命臨終出命謂之顧顧將去意又眷也又發語詞古作鶵俗作頋非頋古文壽字**雇**傭也雇賃也通作顧頋讎也亦通作故**故**故使之也舊也

事也又承上起下之語又大故喪事也又物故**固**四
謂死也又方故雅故掌故通作固史云固實塞
也傳九州之塞大汾也黽阨也荆阮也方城也殽阪
也井陘也令疵也句注也居庸也一曰堅也一曰再
辭又本然之辭又一也常也**錮**鑄塞也鑄銅鐵以
執滯也古作忈又北固山名塞隙也又黨錮**涸**
涸陰沍寒也**痼**久病也本作痁一曰小**酤**一宿酒又貰
寒凝閉也皃口生瘡通作固錮也漢榷酤
〇**護**胡誤切救視也助也擁全**瓠**匏也又康瓠瓦器
之也又都護漢官又布護槃瓠南夷又姓瓠
巴善**互**差也交互也又參互回互又周禮鼈人掌取
鼓琴互物有甲者蔛胡龜鼈之屬又牛人共牛牲
之**嫮**美容貌**濩**布濩大護湯藥名**沍**固寒也寒凝
互或作嫭散也**頀**通作濩護也沍閉也通
作桑故切告也本作謗又訟逆流而上曰溯
涸〇**訴**也毀也或作謝亦作愬**泝**洄溯向也水欲
下逆之而上也一曰順流而下曰溯游逆流而**塑**埏
上曰溯回亦作遡溯本作溯泝順流泝逆流之

象物也或作塐揑土容也通作素

素 白緻繒也本作𦃃質也太素者質之始也又空也故舊平常曰雅素又生帛也又縑素束素縞素毫素尺素竹素墳素寒素情素

愫 誠也眞情也通作素

嗉 鳥吭容食處

數 色句切枚也筭數也隸首作數九數方田粟米差分少廣商功均輸方程贏不足旁要又名數之數又曆數也

○路 洛故切道路也一曰道容三軌曰路又一達謂之道路又大也人君所居皆曰路以大爲名又姓也

璐 玉也

露 和氣津凝爲露一曰陰之液也又形見也又寶露甘露瑞露又酒名薤露挽歌

鷺 水鳥一名舂鉏一名屬玉又朱鷺鼓吹曲又鴝鷺鳧鷺或作鷺亦作鸕鵅

賂 遺也以財與人也

輅 車軨前木也天子玉輅輅亦車也通作路王五路玉路以祀金路以賓同姓以封象路以朝異姓以封革路以即戎以封四衛木路以田以封蕃國王后五輅重翟安車翟車輦車厭翟又輦路柴車

○度 徒故切法制也又手也布指知尺舒肱知尋故从手五度分寸尺丈引又躔度風度

調度**鍍**塗金也飾物也**渡**濟也過也去也通作度**斁**敗也本作殬書彝倫攸斁或作㲉亦作罣**妒**當故切亦作妬婦妒夫也嫉妒也以色曰妒以行曰忌婦妒曰妒夫妒曰娟又鵃鶊止妒**蠹**木中蟲或作螙亦作蠧一曰蟫又曰白魚又桂蠹橘蠹○**庫**苦故切兵車藏也又貯物舍又經庫史庫武庫管庫**袴**脛衣也本作絝今之緄襠袴也又絖袴窮袴**胯**股也或作跨○**祚**昨誤切福祿也**胙**祭禰肉也又建置社稷曰胙胙報也有德之人必有美報又守社稷曰胙又禰之使社稷之長曰胙**阼**主階也東階也主人接賓處○**兔**湯故切兔吐也明月之精視月生故曰明視尻九孔舐雄毛而孕生子從口中出咀嚼者九竅胎生獨兔八竅者五月而吐子通作菟兔从兔字加點俗作兎非又飛兔赤兔良馬名**吐**寫也出也舒也○**孺**而遇切音與茹同乳子也一曰輸也輸尚小也曰孺子曰孺人猶言小童也屬也親慕之意或作𪃧**乳**育也傳泜乳乃得歸○**娶**七句切音與覷

同取婦也

趣 疾也又向也又行之速也又督迫也又指意也或作趨通作取

○**措** 倉故切置也舉也投也安著也施布也或作厝錯

醋 醶也本作酢今人以此爲酬酢字反以醋爲酢字

○**呼** 荒故切本作謼號呼也或作嘑

○**作** 臧助切造也俗作做非

○**聚** 才句切會也又邑落曰聚又大曰鄉小曰聚或作鄹

○**足** 子遇切足恭便僻貌又足其不足曰足

○**怒** 乃故切恚也或作忞悠又市怒賈怒

七遇　二選

○**墓** 丘也墓謂兆域今之封塋也士之高者曰墳庶人不封不樹故不言塚而言墓

暮 莫故切日且冥也本作莫平野中望日且暮將落如在草茻中也

慕 習也一曰思也又系戀也

募 廣求也又招也

汰字

潞簬遾悌鞋馬畀饇駙鞻秏儦堊屖

八霽　一選

霽

○第特計切次第也又第宅有甲乙次第故曰第又但也與第同俗作第非第草也弟弟韋束之次弟順也積之而順莫近於韋故取名焉又孝弟通作悌兄弟之弟在上聲悌易也又愷悌通作豈弟娣女弟一曰母之女弟睇目小視也南楚謂眄曰睇或作睼禘禘祭也五歲一禘杕杕杜木獨生又盛貌从木从大从犬誤題視貌一曰顯也逮及也又逮安和貌締結不解也合從締交棣白棣郎常棣也又赤棣郎唐棣移也又無棣地名又威儀棣棣遞更遞也又傳遞也或作迭亦作遆俗作遰一云此迢遞之遞非遞代之遞遰去也迢遰也遠也又避也帝都計切帝天號

也又王天下者之號也五天帝青帝威靈仰赤帝赤標怒白帝白招拒黃帝含樞紐黑帝叶光紀又古帝天也望帝杜鵑也**諦**審也或作諟諦**蔕**爪當也當底也傳玉色無當**柢**華葉之根曰蔕木之根曰柢通作氐**嚔**腦鼻中氣壅塞嚔則通或作嚏**替**他計切或作普亦作替廢一偏下也廢也代也滅也又委靡也**涕**泣也目涪又鼻液或作洟**鬀**鬀髮也大人曰髡小兒曰鬀盡及身毛曰剔或作鬄亦作剃**薙**除草也月令季夏燒薙○**例**力制切音與詈同比也皆也又凡例也或作列**勵**勉力也通作厲脩飾振起之意**厲**嚴也又危也又岸危處曰厲又以衣涉水曰厲又犯政為惡者曰厲又醜惡也又殺戮不辜曰厲又蹈厲揚厲皎厲踔厲凌厲素厲又鞶厲紳帶也**糲**米不精者**礪**本作厲麤悍石也又磨也又玄礪黑石可用磨也又砥礪礱礪山礪金礪**麗**印計切音與詈同旅行也鹿之性見食急則必旅行禮麗皮納聘蓋鹿皮也又著也美也又附也又曼麗姣麗又梁麗小船又曰屋棟古

作隸附著也本作隸一曰賤稱屬著於人也徒隸丽隸也又隸書漢謂隸書曰佐書又司隸漢官**儷**

偶也伉儷也或作儷又作偽**離**去也**荔**草名似蒲而小根可為刷本草馬蘭又荔支果名又薜荔

草名狀如烏韭在屋曰昔耶在墻曰垣衣或寅緣古木開花結實謂之木饅頭**戾**曲戾也犬善出早戶

一曰至也又畢也待也利也立也又違也又定也又狠戾又有功無其意曰戾戾又罪戾戾貧戾戾古作㱃**唳**

鶴鳴又嘹唳鴈聲**盭**戾也賊盭蹊盭疾也又烏盭山名通作戾**沴**水不利也又六沴氣相傷謂之

沴沴猶臨莅不和意通作戾○**翳**於計切音與意同華蓋也羽葆又隱也奄也鄣也又木自倒覆

地曰翳又五采鳥名曰翳又翿翳舞者所持或翟或鷺羽名曰翳又媒翳射雉屏翳風師**曀**陰而風也

又暗曀**瞖**目疾**羿**五計切音與易同本作羿羿猶翳也羽之羿風謂箭乘風而疾也后羿射師

詣候至也又造也**曳**餘制切音與易同臾曳也曳組曳裾輿曳又逆曳倒植有點誤或作抴誤**裔**

衣裾裾衣邊也又四裔苗裔又容裔縱肆貌又裔裔羣行貌 **枻** 楫也一曰拖或作栧 **泄** 水受九江博安洵波北入氐又泄泄多人貌又怠緩悅從貌又去也又憂泄出也發也又吐也 **洩** 洩洩舒散貌通作泄 **藝** 魚祭切音與易同種也本作埶一曰技能也猶才也又準也或作蓺古作秇 **囈** 寐聲列子啽囈呻呼 **瘞** 於例切音與易同幽薶也記瘞埋於泰折或作瘗 ○ **霽** 子計切雨止也又霽威又光霽開霽通作濟 **濟** 渡也通也以舟船曰濟又相濟也賙捄也又益也又止也又事遂也 **劑** 在詣切分劑又藥劑史武爲救世砭劑通作齊食有和齊藥之類也 **齊** 和也又酒以度量節作者謂之齊又火齊珠名又五齊三酒泛齊醴齊盎齊緹齊沈齊 **薺** 草名薺菜甚小自生園圃實曰薺 **懠** 怒也一曰愁也疾也 **穧** 穫刈也刈禾把數不斂穧禾鋪未束者一曰一筥之齊盈手曰秉四秉曰筥 **祭** 子例切音與霽同祭祀也享也薦也至也察也从夕从癶·非 **際** 邊也畔也又五際卯酉午戌亥陰陽

終始際會之歲則有變改之政○世舒制切音與翹同三十年爲一世又父子相代爲一世又當時天下爲世又命世名世古作卋丗勢威力也形勢也又氣燄也又外賢爲勢俗作埶从幸非貰貸也賒也又恕也逝時制切音與豉同往也行也去也又亡也或作遰誓約束也與之爲約也又約信曰誓筮易卦用蓍也決也龜曰卜蓍曰筮或作簭噬啗也喙也反噬又噬臍噬膚○計古詣切會也筭也籌策也又最簿歲時上計繼續也或作𢇍反㡭爲繼㡭古絕字髻束髮也本作紒或作結椎結椎髻也一撮之髻其雕如椎繫維也或作轂亦作係繫繫馬繫畜係胡計切絜束也又聯絡也又係羈係累或作結通作繫系世系也細絲五忽緒也繼也聯屬也或作繫世繫謂帝繫諸侯卿大夫世本之屬禊除惡祭祓除不祥也○砌七計切階砌也或作城又蚯蚓一曰鳴砌切衆也又一切大凡也又一切權時也如以刀切物苟取整齊妻以女嫁人曰妻細蘇計

切微也小也　壻夫也胥有才智之稱又長也壻者女
客也本作絅之長也或作婿又同門爲僚壻兩壻
相謂爲　○制征例切音與寘同裁也止也禁制也勝
亞壻　也正也御也撿也法禁也造也又天子
之言一曰制二曰詔又兩制　裁衣也又衣也芰製
翰林中書又風制又草制　製貍製皆衣又美製淸
製　彘家也又　滯直例切音與緻同疑也一曰積
地名　也廢也止也淹也留也通作蹛○契
苦計切音與器同書契約契禮司約掌萬民之約大
約劑書于宗彝大約邦國約也劑即契券也又右契
左契謂刻契合符以爲信　憩去例切音與器同或
又合也又契契憂歎也　作愒息也亦作偈憩　揭
高舉也又褰裳渡水由膝以下○偈其例切音與芰
曰揭又揭車香草一作藒車　同武貌古賦旟
旆郅偈偈註竿杠之狀又呼　碣山名書夾石碣石又碑
偈小國名又釋氏偈語　碣方者謂之碑圓者謂
之碣或　彌弊切音與寐同袖也分
作嵑　○袂袂投袂障袂裳袂又連袂

八霽　二一選

○慧胡計切儇也又敏也解也妍黠也通作惠　惠仁也順也賜也　蕙蘭屬蕙似蘭亦春開蘭先而蕙繼之蘭一莖一花蕙一莖五六花山林中十蕙而一蘭　嘒呼惠切小聲也又和也詩鳴蜩嘒嘒又嘒嘒管聲或作嚖嚖　暳小星謂之暳微貌　雟旋芮切音與遂同嶲竹也

○芮芮芮草生貌一曰細貌又國名在周之馮翊　銳以芮切芒也鋒銳精銳　叡深明也或作睿　枘而銳切刻木耑所以入鑿圓枘方鑿通作内

○稅舒芮切租也斂也又以物遺人曰稅　說說誘謂以言語喻人使之從已也　蛻蛇蟬所解之皮也莊子蜩甲蛇蛻又委蛻鍊蛻　帨佩巾也紛帨拭物之巾又鞶帨綀帨

○綴陟衛切音與惴同合也連綴也　畷井田間道井畔相連者入蜡郵表畷謂田官督約百姓於田　贅之芮切音與惴同以物質錢也又男附女家謂之贅壻又肬贅又具贅屬也又贅行

行之無當曰贅又贅聚會也又贅疣附贅縣肬又句贅項椎骨〇毳獸細毛也脃此芮切音與翠

同小耎物易斷也本作脺亦作膬甘膬腥膿通作毳俗作脃竁穿地古詩月竁來賓窟也〇劌

利傷也割也君子比德于玉廉而不劌蹶僵也又跳也又行急遽貌又動也又蹶蹶動而敏于事或

作趣亦作蹷〇弊毘祭切音與鼻同惡也困也通作獘薛薛荔香草又薛莎青薠〇桂

古惠切音與季同百藥之長木葉一春惟桂三春又巖桂花名又姓〇歲相銳切音與遂同木星曰

歲星一年行一次而四時功畢故年謂之歲禾干為年年取禾一熟步戍為歲歲騎兩稔故步戍至戌謂

之歲〇衛于歲切音與僞同宿衛也護也垂也加也又國名又姓又武衛又精衛鳥銜石填海〇

謎米閉切隱語也

汏字

欐捩綟颲懘𦛨淛㸷癘禲蠣壒殪縊筀搗汭蜹鱖劂
濟袣𩣡駣𦇎𨗈嚌禘踶堄寱𠞞嫕篳轊濞穄熭𣯧
豬忕㭿衞罽劓淠

九泰

泰

○會 黃外切合也總也要也聚也又時見曰會又州
名又王會事會叅會計會傳會識會古作佮㞷
㞷會 繪 五采繡又畫也 儈 會合市人牙 澮 本作巜廣
合 或作繢通作會 儈也或作會 二尋深二
仭爲巜會也小水水之所聚會也又 檜 松葉栢身今人
水出絳州翼城澮高山古作沸澇 謂之圓栢又一
種名 獪 狡獪也獪 會 總合也計最之簿書月計曰要
檜栢 所會合也 歲計曰會又會弁弁之縫中際
會之處又 膾 古外切音與媿同肉腥細者爲膾 翽 呼
會稽山名 大者爲軒又宗膾小國名或作鱠 外

切飛聲詩翽翽其羽**噦**車鑾聲本作鉞或作鐬詩鑾聲噦噦**薈**烏外切草多貌詩薈兮蔚兮**濊**汪濊深廣貌○**貝**博蓋切海介蟲也居陸名贆在水名蜬貨貝五貝為朋大貝牝貝幺貝小貝不成貝又樂書梵貝大可容數斗蠡之大者南蠻吹以節樂又大貝出日南可為酒杯又貝錦如餘泉餘蚔之貝餘蚳貝甲黃白文餘泉白質黃文又織貝織絲成錦又齒如編貝又紫貝文貝**沛**水出遼東番汗塞外入海又豐沛邑名本作𨛜**狽**狽無前足附狼而行失狼則不能動故猝遽謂之狼狽**伂**顛伂偃仆也偃是仰倒仆是踣倒通作沛**霈**普蓋切多澤也霶霈也或作沛**肺**茂貌詩其葉肺肺**旆**蒲蓋切繫旐曰旆旆旆旒垂貌旐以全帛為之續旐末為燕尾者旆又旆旆揚起貌通作沛易豐沛幡幔也**茷**草多貌一曰茷茷有法度詩其葉茷茷○**泰**他蓋切通也寬也安也又西風曰泰風又卦名又泰有虞氏之尊名曰泰用兂又山名古作夳亦作太**汱**沙汱也磨治洗汱汱**太**大也極也

又甚也過也通作泰 **藹** 於蓋切臣盡力之美藹藹猶濟濟也又晻藹樹繁茂貌又晻也又芳藹明藹 **靄** 雲集貌或作靄 **艾** 五蓋切冰臺也即今灸艾也削冰令圓舉以向日以艾承其影得火故號冰臺又老也五十曰艾多更歷也又養也禮祿艾之又少艾美好也又過半也夜未艾久也又治也又息也止也又安也又銀艾銀印綠綬又橫艾壬歲名 ○**賴** 落蓋切贏也一曰恃也蒙也幸也又利也江湖間謂小兒無利入於家曰亡賴又謂無聊賴又顧藉也又方言讎也南楚之外曰賴秦晉曰讎 **瀨** 水流沙上也疾流也又湍也吳楚謂之瀨中國謂之磧 **籟** 三孔籥大者謂之笙其中謂之籟小者謂之箹又籟謂之簫又凡孔竅機括皆曰籟 **賚** 賜也天下罔不欣賴也 ○**大** 徒蓋切天大地大人亦大一曰小大之對傳五大不在邊五細不在庭又唐大強弓名 **汏** 水激過也楚辭齊吳榜以激汏汏濤汏也 **帶** 當蓋切紳也眷帶鞶帶又襟帶又河帶又書帶草又山帶香爐峰上氣若香煙天將雨則白雲

冠峰如山帶**蔕**草木根也○**磕**丘蓋切石聲或作礚磕磕水石聲**愒**貪也玩歲愒日玩愒皆貪也或作慨**嘅**嘆也意氣有所鬱嘅然也○**兌**戚蹊也詩行道兌矣**蛻**蟬蛇解**兌**杜外切說也又卦名通也穴也直也詩松柏斯兌今文作兑○**蓋**古大切苫也本作葢掩也覆也張帛也翠蓋紫蓋皂蓋鶴蓋羽蓋又冠蓋車蓋傾蓋又天如倚蓋又五蓋貪欲嗔恚癡眠調戲疑悔一曰疑辭又發端語也又大凡也俗作盖**丐**本作匃或作匄乞也行請也取也求願曰丐又丐貸乞丐又乞與也又沾丐○**眛**莫具切音與媢同冥也又斗杓後星**眛**目不明也○**柰**奴大切果也柰有青赤白三種一曰那也能也亦假借此爲柰何也如也遇也能如之何曰柰何又問如之何曰柰何又無如之何亦曰柰何俗作奈非○**害**胡蓋切傷也利害之對又忌也妨也不利也○**外**魚會切外遠也表也外內之對又疏斥也○**最**祖外切音與醉同犯而取也故軍功上曰最下曰殿最者凡要

之百言課居先也極也又凡也尤也〇蔡食蓋切草也一曰國名又元龜爲蔡蔡長尺二寸又書二百里蔡法也受王者刑法也又姓古作⿱艹⿵門祭〇酹郎外切音與類同以酒沃地餟祭也

汏字

襘檜禬鄶怴忲⿰禾曷壒鈦沛祋縩癩藾娧

十卦 一選

卦

〇界居拜切音與懈同境也垂也分畫也限也又離間也選范睢界涇陽界者間其兄弟使疏也本作畍或作堺⿰阝界古作⿱介亞介畫也一曰助也古者主有擯客有介又甲也保介車右也又間廁也大也又因也又耿介也又側畔也又微貌又介介猶耿耿也又貴介紹介媒介偪介狷介駟介樹介鱗介戒警也慎也具也備也洗心曰齋防患曰戒通作誡疥瘙也疥痒疾亦作蚧誡敕也言警也警敕之

詞曰誡通作戒

价 善也詩价人維藩

⿱髟介 簪髻飾假髻也一曰覆髻

芥 菜也介也界我者也發汗散氣又草芥又纖芥細微也又芥蔕通作介左傳介其雞擣芥子播其羽

屆 行不便也一日極也極郎至也古作艐亦作暨

械 胡介切音與避同桎梏也杻械一曰器之總名又有盛爲械無盛爲器又攻守之器曰械一曰持也

薤 菜也似韭而無實一名鴻薈或作䪥又作䪥又金薤薤葉書玉薤酒名又倒薤篆

瀣 沆瀣海氣六氣春食朝霞秋食淪陰冬食沆瀣夏食正陽併天玄地黃之氣

○**稗** 傍卦切禾別也稊稗也又蒲稗草似穀生水中又稗說小說也街談巷說細碎之言又稗官小官又筭稗販之緍謂小販之民又秕稗

粺 精米毇也或作糳

拜 博怪切本作𢷏拜服也稽首服之甚也九拜一曰稽首二頓首三空首四振動五吉拜六凶拜七奇拜八褒拜九肅拜又端拜若服玄端拜揖又膜拜胡禮長跪也

湃 滂湃水聲或作濆又驚湃砰湃

敗 薄邁切音與粺同毀也又破也彫也肉臭壞也本作

敗糒敗北邁切音與拜同毀之也毀它曰敗凡物不自敗而毀之在此物自毀壞則薄邁切○夬
古邁切音與卦同夬決也決去之也卦名澮水注溝曰澮獪擾也一曰狡也或作狭狤快古夬
切音與蒯同喜也稱心也可也又爽快也急疾也噲咽也一曰嚵噲也又噲噲猾快快也一曰人聲
也○懈居隘切怠也或作解解除也一曰閒上也又進士由鄉而貢曰解又發也廨公舍
解下懈切散也物自散解解也記亐人芰解接中也一曰解廌獸名邂邂逅不期而遇也○瘵
側界切音與債同病也祭國名又姓蠆丑犗切音與瘥同毒蟲也長尾爲蠆短尾爲蠍蓋象其奮
螫曳尾之形一曰蠍前謂之螫後謂之蠆嘬楚快切一舉盡臠記毋嘬炙○曬所賣切暴也通
作矖灑汎也或作洒古作湔鎩所戒切音與曬同鈹有鐔一曰長矛又鳥羽病或作鎩○債
側賣切通作責遺財也負也又貸錢而生子砦士邁切音與眦同藩落也山居以木柵或作柴通作

寨塞又羊棲宿處也眦土懈切眦睚恨視貌又瞋目貌又睚眦睚舉眼也眦卽眥字目匡也或作睞睚睞亦作疵眥○蕢草名赤莧也又山名喟太息也或作嘳歔聵五怪切聾也或作聲聵○喝於戒切噎聲古賦歌聲流喝又嘶聲秋蟬喝柳餲飯敗也○邁莫話切音與賣同遠行也往也過也老也又騣邁騣總也邁行也欲男女合行又林邑謂金之精者爲陽邁勱勉也通作邁○隘烏懈切陋也又阨隘阻隘或作阨搤扼也○怪古壞切音與卦同異也奇也非常之事則曰怪或作恠壞毀也本作敷凡物不自敗而毀之音壞物自敗則音胡怪切○噫烏界切音與隘同飽食息也又抑噫秋噫歲噫大塊噫○賣莫懈切出物貨也本作賣○壞胡怪切自破也敗也○憊步拜切音與粺同本作備羸困也疲極曰憊疲劣也或作𤺋通作敗

○卦古賣切筮也卦之爲言掛也 挂懸也挂物也通作掛又剛挂弩鏃名側挂鶡旦鳥名又倒挂子嶺南禽名 詿詿誤也 ○畫胡界切音與壞同界也繪也形也又挂也以五色挂物象也或作畫漢書畫衣冠而民不犯 話戶快切音與壞同合會善言也本作譮又語話也或作䛡譮

次字

玠魪絓緸瘥犗齘劕韝殺蕙

十一隊 一選

○佩蒲昧切亦作珮大帶也服之也一曰稱其服用則字从人名其器則字从玉 背違也棄背也孤負也又反面也或作偝又作倍通作北 倍反也 焙煏也本作焟 孛人色勃然壯盛似草木之茂也一說彗星星孛在北或作茀亦作勃 誖亂也逆也或作悖亦作哱怫 北分異也又敗也

拔拂取也枝葉生也　背補昧切音與貢同脊也身北曰背又堂北曰背又負也　輩類也又北也又儕輩行輩又軍發車百兩爲輩輩亦作輩　磑五對切音與儑同磑也公輸般作磑又水磑　○潰胡對切音與會同漏也一曰散也民逃其上曰潰又旁決曰潰詩有洸有潰洸水湧也潰者橫暴四出故怒之盛者爲潰又遂也　闠市外門也　繢織餘也一曰畫也或作繪通作會　回曲也迂也又繞也又避也傳郎有避回謂不盡意撫擊盜賊　匯水回合也　憒古對切音與媿同心亂也憒憒然　○妹莫佩切音與媢同女弟也又歸妹易卦名　昧闇也昧昧不明也昧爽旦也又草昧亦作曶古作昒　眛目昏也　韎茅蒐染草也一入曰韎今絳草　沕潛藏也傳沕淵潛以自珍　○類盧對切音與頪同絲節也又疵也又戾也　酹醊祭以酒沃地　耒手耕曲木也古者垂作耒耜　攂攂礧推石自高而下也礧石鼓不相擊或作壘礌雷擂　○隊徒對切音與兌同從高隤也又群隊

也淵明詩馬隊非講肆

憝 怨也又惡也或作譈亦作懟憝怨衜怨也又作憞楚憞羣策廢也又作譵

駾 突也惶怖驚走奔突也

對 都隊切應無方也荅也當也配也又揚也占對罷對牕對堅對

碓 舂也杵臼又水碓曰轓車又杜預作連機碓

○**誨** 荒內切曉教也丁寧誨之若决誨昧也古作䛼

靧 洒面也本作沬或作頮

悔 恨也又貞悔之悔作𢘈內卦曰貞外卦曰悔

晦 月盡也又昧也又霧謂之晦

○**碎** 蘇內切音與遂同嚰也細破也細碎也

誶 告也諫也詬也離騷亂曰誶

晬 子對切音與醉同子生一歲也一曰晬時者周時也

倅 取內切音與萃同副也副車曰倅車又游倅子之未仕者或作萃

○**廢** 方肺切音與沸同屋頃也一曰置也止也弛也不舉也替也圯也放也捨也又墮也

吠 符廢切音與扉同犬鳴搏吠羣吠或作狒狓

茷 草葉盛貌

肺 方廢切音與貴同金藏也金陵者洞庭之膏腴句曲之地肺

○**配** 滂佩切合也侑也又對也又品配又流刑律也

妃匹也偶也通作配　腓月三日明生之名又向曙也

○薉於廢切音與尉同蕪也田中雜草也惡也又汙也或作薉通作濊　濊汪濊深廣貌或作濊　喙許穢切音與諱同口也又獸口又喙爲鳥星又易艮爲黔喙又藥名鳥喙茨曰鴈喙

○塊苦對切音與喟同由墣也本作由地積塊大塊造物之名也又塊然獨處如土塊也或作蕢蕢桴土鼓摶土爲桴亦作蒯蒯桴葦

○內奴對切入也中也裏也內外之對又房室曰內傳一堂二內又漢制內中曰行內猶禁中也又閫內流內

○退他內切音與娧同却也本作復古作逷一曰行遲或作迺衲

十一隊　二選

○代徒耐切音與大同更也迭代也又年代又世也又國名　黛畫眉也本作黱又染青石謂之黜黛又青黛似空黛而色深　袋囊也魚袋夾袋照袋　逮及也又逮繫辭之所及則進捕之故謂之

逮一曰逮者在道將送防禦不絕若今傳送囚或作迨　曃曖曃不明貌　岱東山萬物更代之處一曰岱宗太山爲衆山之宗一曰岱宗之洞岱胎也宗長也萬物之始陰陽之交觸石膚寸而合不終朝而徧雨天下故爲五嶽之長　靆雲覆日爲靉靆又翳薈也雲興盛貌　戴都代切音與帶同分物得增益曰戴一曰首戴又荷戴又國名又姓或作載　襶褦襶不曉事　○慨忼慨壯士不得志也

又竭誠貌又感慨通作愾　嘅歎也　愾怒也又太息也　欬苦蓋切音與磕同逆氣也又謦欬亦作咳

槩古代切音與蓋同扢斗斛扢戛摩之也卽斗斛量槩又節槩操介也又感慨感意氣又立節槩也又大槩大率也或作扢亦作槪又風槩氣槩　剴切近也魏證二百餘奏無不剴切當帝心　漑灌注也又流漑水流聲　○愛烏代切本作㤅憐也慕也寵也好樂也古作㤅　藹叢雜貌　靄雲集貌

靉靉靆雲音貌　曖晻曖日不明貌　○載作代切乘也承也勝也一曰年也又語助也則也又

集韻卷七　去聲

始也又天載謂洪造也又典籍曰載籍取記載之義又四載水乘舟陸乘車泥乘輴山乘樏

再 一舉而二也重也兩也俗作拜非

在 昨代切存也又常在脾神乎在察也

裁 製也又鑒別也又風裁清裁品裁又僅也

載 舟車運物也

○**賫** 洛代切音與賴同賜也

萊 草萊

徠 本作勑勞徠慰勉也荅其勤曰勞撫其至曰徠亦作倈又作來

睞 傍視也又盼睞

○**乂** 魚肺切音與義同治也本作燮通作艾俊又淑乂

刈 芟草也亦作艾本作乂

礙 五慨切音與艾同止也距也妨也阻也限也或作硋乖硋亦作㝵通作閡咳

閡 外閉也藏塞也

○**菜** 食代切蔬也通作采入學舍采舞者皆持芬香之采或曰士見師以菜爲贄舍郎釋也采讀爲菜菜始入學舍菜禮先師也菜蘋蘩屬又巢菜鮭菜

寀 官也同地爲寀同官爲寮

采 因官食地古曰采地本作埰通作宷

○**塞** 先代切隔也邊塞也四塞夷服鎮服藩服在四方爲蔽塞者又鴈塞紫榆塞

僿 無悃誠也一曰細碎也又文之敝捄

以僿賽報也通作塞冬塞禱祈謂報其所祈○態意也又態度貸他代切音與泰同施也又借也○耐奴代切本作耏罪不至髡但鬄其頰毛而已又忍耐或作耐又作能耐寒耐暑鼐鼎之大者○瀣胡槩切音與害同沆瀣北方夜半氣

汰字

霼薱痗瑁鎧摡鐓琲沬敦埭瑇縡鼜儓薆瘯柿豙巓

忩

十二震

震○吝良刃切恨惜也悔吝又羞吝吝者文之以口或作吝唅啗藺莞屬可爲席一名馬藺又藺石城上雷石也又姓悋鄙悋又慳也或作悋亦作僯俗作恡通作吝遴遴行難也又謹選也或作僯

一曰憖玼也鄰水流石間鄰鄰不駛也或作潾磷薄石也又石磔也磨而不磷蹸轢也車踐

也或作轔躪又作閵粦兵死及牛馬之血為粦粦鬼火也或作憐久血為燐又螢火曰燐或作燐○

峻私閏切高也本作陖險也長也一曰峭也亦作陖嶕又作埈通作駿浚抒也取也一曰水名在浚儀縣

又須也浚明須明也駿疾速也嚴急也又駿奔走亦作逡濬深通川也或作濬深也通作浚恂

恂慄容貌嚴慄慄也俊子峻切材過千人也一曰萬人之秀曰俊或作儁亦省作雋又作峻通作晙晙

民用章亦作駿史記駿疑桀又寒雋中雋畯典田官一曰農神周禮籥章歛豳雅擊土鼓以樂田畯

餕熟食謂之餕饔一曰食餘曰餕又食人之餘曰餕或作餕○晉即刃切進也本作晉晉又易卦名

又抑也周禮諸侯晉抑馬止奔也又國名又姓古作晉俗作晉非搢插也通作縉縉紳插笏於紳亦

作薦又作晉縉淺絳色一曰赤多白少為縉黃帝煉金丹有縉雲之瑞號縉雲氏進登也前也

善也薦也效也古作邇賮通作薦
燼 徐刃切火餘也本作㶳一曰燭餘一曰薪也
贐 會禮之財也又贈行曰贐或作賮亦作進又賭博之財一曰進博不勝曰負進勝曰得進得多曰厚進
藎 草可以染一曰進也藎臣忠愛之篤進進無已或作賮蕒
○**刃** 而振切刀堅也象刀有刃之形鬱刃傷人即死泿人所鑄亦名泿劒出南詔又芒刃游刃
仞 八尺曰仞取人伸臂一尋又度深曰仞仞又步仞通作軔
訒 頓躓也難言也通作認
牣 滿也充牣儲牣牛大物故稱滿或作⿰牛忍
認 辯識也通作仞
軔 止輪之轉其物名軔止輪木去木動輪而行故行曰發軔
○**僅** 渠遴切纔也劣也又餘也少也或作勵亦作廑通作慬堇
墐 塗也詩墐戶
覲 見也秋朝曰覲覲之言勤也欲其勤王之事通作殣
殣 道中死人所覆也又餓殍也通作墐埋藏之名路冢也
饉 無穀曰饑無菜曰饉又三穀不升曰饉
瑾 美玉也懷瑾握瑜
○**震** 章刃切劈歷振物也又易卦名又動也懼也起也威也或作𩆝通作

振賑富也贍也通作振振貸也又濟也振舉救之也一曰奮也又烈也整也又猶止也又收也

鎮陟刃切博壓也亦安之也又山名四鎮揚州會稽青州沂山幽州醫無閭冀州霍山陣直刃切亦作陳本作敶列也鴈陣蟻陣魚麗陣〇信息晉切誠也驗也極也用也重也慤實不疑不差爽也又再宿曰信又轉信用木爲信出入關驗合乃得過古作㐰訫汎灑也或作洒洒掃也迅疾也訊問也又告也執訊敵人之長可訊問者或作訙古作訩哅又作誶又奮訊之訊作奞〇擯必刃切弃也擯斥也通作賓儐出接賓曰儐入詔禮曰相又賓副曰介主副曰儐又陳也通作擯亦作賓鬢頰髮也一曰頷旁髮殯死在棺將遷葬柩賓遇之也殯殮也又虞殯送葬歌曲也〇襯近身衣也

櫬初覲切棺也左傳士輿櫬又椑梧也齔毀齒也親七刃切婚姻相謂爲親〇瞬舒閏切開闔目數搖也本作瞚目動也或作眴亦作眣以目通指也又作瞤蕣草也本作𦳝楚謂之葍秦

謂之藑蔓地連華又有虞氏號**蕣**木槿朝華暮落一名櫬取瞬之義今人言一瞬或作橓○**靷**羊進切駕牛馬具韅靷在胷曰靷在背曰韅或作韅**紖**牽車紼也或作引記弔於喪者執引車曰引借曰紼一曰紖在前紼在旁**胤**子孫相承續也繼也嗣也又國名○**釁**許覲切血祭曰釁釁用血所以厭變怪禦妖釁也又器有釁隙以血塗之又釁面以毒熏易貌釁浴以香薰沐浴或作衅**璺**隙罅也通作釁龜兆裂皆曰璺又爭端○**諄**告之丁寍也諄諄重複貌又忠謹之貌又齊魯凡相疾惡謂之諄惛或作啍吅啍誕也**純**衣緣飾也在下曰純○**閏**如順切歲餘爲閏五歲再閏**潤**水曰潤下又潤澤又益也又州名又礎潤玉潤波潤芳潤朗潤○**殉**以人從死也又從也又求也**徇**辭閏切行示也本作徇巡也自衒名行也又巡師宣令也通作侚或作粵○**慎**時刃切謹也心眞爲慎不鹵莽也古作昚肅昚東夷名○**趁**趁逐也自後及之也或作趂俗作趂○**印**於刃

切執政所持信也符印也印信也亦因也封物相因付漢諸侯王黄金印槖駝鈕文曰璽列侯黄金龜鈕文曰章大夫金印紫綬文曰章中二千石銀印龜鈕文曰章千石至四百石皆銅印文曰印又姓○

順食閏切理也從也不逆也和也古作慎亦作㑒

汰字

鵔駿睃[illegible]侲韌憖瑨疢稕

十三問

問

○**問**亡運切訊也又聘也小聘曰問又問遺多問重問聞問又清問**聞**聲所至也又名聞曰聞又令聞聲聞通作問**抆**拭也**紊**亂也書有條而不紊**汶**水出琅邪至安丘東入濰貉踰汶則死

○**慍**怒也心所慍積恚也恨也**醞**於問切釀也九醞十旬皆酒名宗廟八月飲酎用九醞太牢正

月作酒八月成曰酎一曰九醇也**熅**以火伸物也通作溫**縕**枲也紼也一曰亂麻傳束縕請火又與也乾坤易之縕耶**蘊**積也習也或作薀〇**分**扶問切別也又均也又散也又分位職分名分分劑又分分兮其有始終也**憤**懣也語不憤不啟又發憤忘食**奮**翬也鼓翅輕疾也揚也鳥張毛奮奞也奞音迅**忿**怒也悁也**賁**覆敗也或作奔賁軍之將〇**運**王問切遂徙也動也轉輪也又行也用也又地東西為廣南北為運又五運五行氣化流轉之名又運祚又四運**暈**日月傍氣本作煇周禮眂祲十煇一祲二象三鑴四監五闇六瞢七彌八敘九隮十想**韻**和也單出為聲成文為音音員為韻又四聲韻轆轤韻〇**靳**居焮切當膺也靳固也靳制其行也如驂之有靳一曰吝也又戲而相愧曰靳恥而惡之又姓**斤**斤斤察也傳斤斤謹質形於體貌**近**巨靳切附也親也近近之也古作岓〇**郡**渠運切郡縣中國為內郡緣邊鄣塞為外郡又就郡劇郡〇**訓**許運切說教也順其

志以訓之也誡也又男曰教女曰訓又訓道也道說文義○隱於靳切築也史隱以金椎又隈也隈隱之隱又隱几而臥

汰字

鄆餫韗貟絻僨惞億糞

十四願　一選

願○願魚怨切大頭也欲也念也思也覬望也愿謹也慤謹良善之名或作原怨於願切恚也恨也仇也讎也古作𢘻亦作惌又作夗怨悁又市怨產怨徼怨嫌怨又畹田畝三十爲畹○券去願切契也以木牘爲要約之書以刃剖之屈曲犬牙一曰綣也相約束繾綣爲恨也券古卷字从刀不从力又鐵券左券勸獎勉也助也教也悅從也或作劵綣繾綣厚意不分離貌○獻許建

切宗廟犬名羹獻犬之肥者又進也凡以物相饋下之于上曰獻上之于下曰賜敵者曰遺又黎獻賢也又騾獻又歲在亥曰大淵獻俗作献非

憲 懸法示人曰憲法後人因謂憲爲法一曰憲制法則也又憲憲猶欣欣也又天憲成憲憲垂憲

○建 居萬切定法也樹也置也又建鼓一名楹鼓所以召集號令又州名

健 渠建切伉也强也有力也不倦也

○遠 于願切離也遠之也

瑗 大孔璧人君上除陛以相引好倍肉謂之環肉倍好謂之璧瑗之言援也故曰以相引也肉璧之身好其孔也

○圈 其願切養畜閑也或作圈

楦 呼願切履法也本作楥纖履中模範故曰法

○堰 於建切障水也或作隁亦作隁又作偃

十四願 二選

○頓 都困切下首也拜頭叩地又貯也又宿食所也次也又食一次也又壞也又陡頓遽也又南頓

地名又委頓整頓荒頓　**敦**　竪也丘一成爲敦丘又太歲在子曰困敦　**遯**　徒困切逃也又卦名又行遯棲遯嘉遯肥遯或作遁亦作遂　**腯**　牲充也肥也　**鈍**　錭也不利也頑也通作頓　○**巽**　蘇困也入也柔也卑也又卦名　**潠**　噴水也亦作噀或作㖣　**遜**　遁也從也伏也恭也順也扇避也或作愻

亦作孫通作巽　○**萬**　無販切蜂一名萬蜂類衆多動以萬計又干舞稱萬舞武舞謂之干舞干其名也萬其數也又州名古作𢀖命　**曼**　引也長也又脩廣也又澤也言其質柔而色理光澤也　**蔓**　葛屬瓜蔓又莚也　○**飯**　扶萬切食也黃帝炊穀爲飯或作餅又胡麻飯雕胡飯青精飯　**販**　方願切買賤賣貴者善販者旱則資舟水則聚車人棄我取與常情反或作敗通作反　○**慁**　胡困切憂也擾

也一曰辱也或作慁　**溷**　亂也又濁也又厠也　○**論**　盧困切議也　**悶**　莫困切煩也煩懣心鬱也或作懣亦作滿又作惛亦作們　○**困**　苦悶切故盧也木久困弊也一曰極也窮也悴也病之甚也又

倦也又卦名古作柒○嫩奴困切少弱也一曰好貌或作嫩○褪吐困切卸衣也又花謝也

○噴普悶切吒也一曰鼓鼻一曰吐氣噀也或作歕吩○寸倉困切十分也人手御一寸動𧖴謂之寸十粟爲分十分爲寸十寸爲一尺傳布指知寸抈也有法度可抈又膚寸則手爲膚按指爲寸

○恨胡艮切怨也○艮古恨切很戾不進之意又堅也限也又卦名

汯字

颾鄽坌

十五翰 一選

○翰侯旰切天雞赤羽也一曰鳥羽也高飛也又詞翰又白色又屏翰藩翰　旱不雨也　悍勇也有力也桀也又急悍慓悍廉悍　汗人液也又簡汗渙汗反汗陸文通書處則充棟宇出則汗牛馬

瀚 北海名一曰混瀚水貌又浩瀚廣大貌或作澣通作翰

扞 忮也衛也又抵也又扞格或作捍亦作干

閈 里門曰閈又居也垣也

漢 呼旰切水出嶓冢山至漢陽爲漾水至武都爲漢水一名沔水又天河也萬物之精上爲列星河精上爲天漢又人稱好漢鐵漢古作滅

暵 乾也爍萬物者莫暵乎火或作熯

○**炭** 他旦切燒木未灰也

歎 人嘅歎則息大而長故曰長大息後人作大息一曰太息或作嘆

灘 太歲在申曰涒灘

難 奴案切患也阨也寇也憂也又推也難任人又責也禽獸何難焉

攤 按攤也

○**粲** 蒼按切舂米白也又白粲有罪者刑又鮮好貌又優也察也餐也飯也又笑貌見齒粲然

㛑 本作奴三女爲㛑㛑美也通作粲

璨 玉光璀璨

燦 明也通作粲

○**瓚** 才旱切祼器三玉二石天子用全純玉上公用駟四玉一石侯用瓚伯用埒玉石半相埒也

酇 百家爲酇酇聚也又南陽酇縣

讚 解也明也稱人之美又問一而告二謂之贊又以言贊助之義

贊 則旰

切進見也貝以爲禮執贄而進有司贊之佐也出也助也又明也明以詁解又吐蕃謂强雄曰贊故君長曰論贊弄贊

○**幹** 古案切能事也一曰木旁生者爲枝正出者爲幹一曰助也又强也又弓弩曰幹又脊骨也 **榦** 築墻兩旁木也從以制版者一曰井欄承轆轤者通作幹謂井上木 **骭** 骹骨也

旰 日晩也晏也或作晘

○**按** 烏旰切下也抑也止也又察行也考也驗也又撫也通作案案酒下酒也又案驗案名公案 **案** 几屬案所凭也又幕案案杯案 **岸** 五旰切水涯而高者一曰重厓岸又魁岸雄傑也又偉岸風岸崖岸又露額曰岸岸幘也

○**看** 苦旰切睎也或作輪 **衎** 行喜也樂也

侃 剛直也从㐰㐰古文信也从巛取其不舍晝夜也又正也或作偘

○**爛** 郎旰切本作爤火熟也自河以北趙魏之間火熟曰爛又糜爛又燦爛明也或作燗 **瀾** 潘瀾米汁一曰戔餘本作瀾又瀾漫淋漓貌又波瀾 **瓓** 玉采

○**彈** 徒案切行丸也或作弛又街彈里宰治處漢時街置室檢一里之民

憚 忌難也畏也 **旦** 得案切明也早也又城旦輕刑之名書曰司寇虜夜募築長城又穀旦爽旦犁旦厭旦又盍旦夜鳴求旦之鳥震旦西域稱中國又日旦日旦款誠也又作悬

○**散** 蘇肝切雜肉也本作散又分離也布也又飲器五升曰散又玉琖加以璧散散加爵也以璧飾其口因爵之形爲飾又廣陵散琴曲名

○**諺** 五旦切叛諺剛猛也或嗲吙嗲失言也

十五翰 二選

○**貫** 古玩切錢貝之貫又穿也累也行也以緡穿錢曰貫又條貫條者綱目分析貫者聯絡貫穿又本貫鄉籍也又魚貫珠貫 **盥** 沃盥澡手也 **冠** 加冠曰冠 **觀** 諦視也又易卦名所觀也示也又觀兵觀以珍寶又日觀桂觀雨觀東觀蓬觀虎觀甲觀又京觀又壯觀奇觀 **灌** 水出廬江雲婁北入淮灌溉也澆也漬也又聚也木聚生曰灌又投壺奉觴曰賜灌又灌謁者漢官名又灌灌猶款款也 **館** 客舍

曰館又以館館客也或作舘**爟**取火於日司爟掌行火之政令舉火曰爟又烽火或作烜熚**鸛**本作雚鸛仰鳴則晴俯鳴則陰通作觀**祼**酌鬯以祼地或作灌又作果亦作淉通作盥以圭瓚酌鬯獻神因灌于地○**喚**呼玩切呼也或作嚾亦作讙通作奐又喚起春喚鳥也**奐**取奐也一曰大也又泮奐優游也輪奐衆多貌**渙**流散也又卦名離也又渙渙春水盛貌**煥**文采明貌通作奐**漶**漫漶難測貌一曰不分別**換**易也物換時換**逭**胡玩切逃也或作讙逭亦作踠○**鍛**丁貫切小冶椎之而已不消故曰小冶又冶金曰鍛俗作煆**碫**礱碫礪也通作鍛**斷**決也又斷斷專一貌雄斷斷武斷果斷斷神斷**段**徒玩切分段也又片段體段又款段馬名形段遲緩也又姓**斷**截也絶也古作剬○**幔**莫半切帷幔或作幕又背也罽賓國錢文幕爲人面又武夷幔亭又車幔**漫**水浸淫敗物又大水貌汗漫渺茫也一曰徧也又汚也水冒物謂之漫又瀾漫淋漓貌又漫漫陰淫貌通

作曼長謾欺語又且墁塗具也所以飾曼曼衍無極
夜曼曼也通作漫墁墻通作鏝槾曼貌又壇曼
又澶曼通作○判普半切剖判分也又半也得耦爲
漫又末也　判合主合其半又龜判璋判又斷也
通作胖泮諸侯饗射之宮也西南爲水東北冰釋
又作泮泮爲墻或作頖通作泮又璜泮芹泮泮也通
作畔田界也政如農之有畔叛薄半切離叛也奔也
泮畔或作泮隰則有泮叛背叛跂扈也通作畔○
竄七亂切匿也鼠竄也逃也誅也放攛擲也爨炊爨取
也又藏也又黠竄改易也或作竄　其進火
謂之爨取其氣上謂之炊祭祀饔爨○半博漫切物
以炙肉麃爨以炊米或作爆又作焚　中分也从
八从牛牛爲馬縶也羈絆縶足○玩五换切弄也
大可以分也絆曰絆絡首曰羈　戲也或作翫
翫習猒也又狃也狎也厭也○蒜葷菜辛臭之名也
游觀也串習也或作抏　大蒜爲葫小蒜爲
蒜筭蘇貫切黄帝時隷首作筭數又籌○腕烏貫切
也畫也又算賦或作算筭通作笇　本作掔

手擥也腕握也或作捥扼腕一作搤腕又作掔背亦作掔惋驚歎也○亂郎段切治亂謂之亂一曰紊也又兵寇也不理也又樂卒章曰亂理也總理一賦之終又橫流而濟曰亂俗作乱非○彖吐玩切豕走也易斷卦辭彖者材也謂明卦中剛柔之材○愞奴亂切弱也畏愞本作偄或作耎懦需又作燸○鑽祖筭切所以穿也錐鑽鑴謂之鑽或作攢

汏字

垾駻[illegible]釬盰澣[illegible]豻矸瓘悹痯禒[illegible]縵靽胖讕

十六諫 一選

○晏烏澗切天淸也又晏晏和柔也一曰晚也鷃鴽屬鴈鷃也或作鴳鴳不木處安矣故謂之鴳鴈玉晏切大曰鴻小曰鴈隨陽鳥也燕一名玄鳥鴈一名朱鳥亦名陽鳥或作雁又羔鴈贗僞物

也貞贗或作鴈又作傪○**瓣**蒲莧切瓜中實也一曰瓠犀**辦**具也通作辨**訕**所晏切本作姍姍笑又謗訕**潸**涕流貌○**盼**匹莧切音與襻同目好流視本作盻眹子黑白分**扳**晡幻切引也挽也**襻**普患切衣系為襻賦裙斜假襻或作䙟亦作衩○**諫**古晏切言柬為諫分別善惡以諫於君間也獻替以閒隔之也又更也又諫之言干也干君子之意而告之又味諫果名似橄欖**澗**水出弘農新安入海山夾水曰澗又溝澗或作㵎**閒**廁也瘳也又代也造也隔也又訾也非也又與也又間諜今謂之細作亦曰游偵又致隙曰間以計離間敵人曰反間又微行曰間行又間出間道又請間又時日也○**慢**謾晏切惰也不畏也怠也倨也或作㥼亦作漫謾**嫚**侮易也渫汚也○**慣**古患切習也本作摜或作貫亦作串亦作遦**丱**束髮貌或作丱○**棧**古諫切棚也又閣也棧道今謂之閣道或作[illegible]又雲棧石棧○**綻**直莧切衣縫解本作袒或作䘺亦作組詩

紅綻雨
肥梅〇鏟初諫切平鐵也平木
之器又剗也捐削也〇莧侯襇切莧菜
莖葉皆高大
而見又
藜莧

十六諫 二選

〇患胡慣切憂也患之言貫也貫於心
也病也亦慮也惡也害也禍也豢以穀養圈
豕也又牛
馬曰芻犬豕曰豢又養也豢宦仕也一曰閹人又學
也又官也又家臣也
龍氏或作圂圂腴亦作豢
或作倌亦作幻相詐惑也譸張爲幻幻化也又妖術
侶俗作宧非幻也或作眩即令吞刃吐火植瓜種木
屠人殺馬擐貫也擐鳥宦切鉤繫
甲執兵〇綰也或作綄
術皆是

汰字

襇覸轏巉汕轘亂

十七霰

○荐　才甸切薦席也荐猶踐也又草也或作薦　⿰至存　重也再至也通作洊水洊至洊雷震亦通作荐薦左傳荐饑詩薦瘥饑饉薦臻　箭　子賤切矢也進也自周而東謂之矢江淮之間謂之鏃關西曰薦箭竹名因以爲號箭篠也又亦箭藥名又東南之美有會稽之竹箭或作晉亦作翦　煎　熬也又甲煎香名　濺　水激也或作淺通作湔　搢　挿也或作縉亦作薦　賤　才線切音與荐同賈少也輕賤卑也貴賤之反古作賫　餞　以酒食送去也餞猶羨也引也祖而舍軷飲酒其側曰餞餞重始有事于道也　薦　作甸切薦草之深厚者廣薦大莽又六畜所食曰薦又薦席藁曰薦莞曰席又籍也一曰進也又薦羞未食未飲曰薦既食既飲曰羞又無牲而祭曰薦薦而加牲曰祭又推薦薦舉

○宴　於甸切安也宴息也宴宴居息也通作燕清燕之間　醼　合飲也本作燕通作讌宴　燕　玄鳥也籋口布翅枝尾其

名自呼曰鳦作巢避戊巳一名天女一名鷙鳥一名
鷾鴯鳥向嗁背棲燕燕背飛向宿又飛燕馬名或作鷰
驠**嚥**呑也或作嬿嬿婉通**彥**魚變切美士爲**諺**俗言
咽又嗌也**嬿**作燕彥人所言詠古作
彥**唁**弔生也弔失國爲吾甸切石滑也研也研墨
唁或作喭亦作喭**硯**使和濡也或作硎通作研
黃帝得玉一紐治爲墨○**電**堂練切陰陽激曜一名
池篆曰帝鴻氏之硯列缺又追電秦良馬名
古作**殿**宮殿堂高大者象東井形刻爲荷菱藻水物
壂以厭火災又明光殿含章殿承明殿延英殿
甸千里之內曰甸服主治以寶飾器或作⿰金奠又紫
上田以供祭祀又治也**鈿**冠黃鈿謂雜冠及菊也
瑱他甸切以玉充耳謂之瑱天子玉**奠**奠置祭也又
諸侯以石或作顚顛亦作琠⿰王戩薦也陳也壞
奠釋奠又定**佃**左傳乘中佃一轅車佃訓中也古載
也或作廙物大車雙轅乘車一轅當中也又治
田也或作**殿**丁練切軍前曰啓後曰殿又殿後軍在
田亦作畋前曰奔後曰殿又鎭也又殿最上功曰

最下功曰殿

○善 時戰切彼善而善之也善惡之善在上聲

繕 補也治也又勁也善也又繕葺整葺補治之又錄文字謂之繕寫

墠 除地也去墠為壇通作壇

膳 熟肉曰饔具食曰膳又膳牲肉也或作饍亦作善

擅 專也又据也

禪 祭天也築土曰封除地曰禪或作禮又禪位亦作儃嬗

扇 式戰切扉也一曰竹葦曰扇木曰闔一曰動也助也又箑也自關而東謂之箑自關而西謂之扇舜五明扇商雉尾扇周鵲翅扇漢九華扇又紈扇羽扇葵扇白團扇

煽 熾盛也本作傓人權力相承若火之相扇也通作扇

○轉 知戀切運也流轉又遷轉又車上衣裝曰轉物自轉之轉上聲以力轉物之轉去聲

傳 驛遞也傳傳也人所止息往來無常也又郵馬曰傳以車駕馬乘詣京師謂之傳車置單馬乘之謂之驛騎若今遞馬凡四高足馬為置傳中足為馳傳下足為乘傳又關傳傳信若今過所又節傳郵傳廚傳

囀 聲轉也韻也又鳥吟

饌 士戀切具食也本作籑通作䐣通作[illegible]

撰 時也集也

撰述也或作篹通作籑譔

傳 直戀切傳訓又史氏紀載時事以傳於世亦曰傳諸史列傳是也又續也

○**絢** 翾縣切文貌或作繝通作絃 **眴** 目搖也動目私視之也又㝠眴視不諦也 **眩** 黃練切目無常主目眩眩也又㝠眩潰亂也 **縣** 懸也懸於郡也本作寰又中國名赤縣神州又大縣曰赤縣亦曰畿縣 **袨** 好衣也或作袀 **衒** 自矜本作衒自衒鬻也

○**絹** 古掾切繒也縑也紀也絲厚而疏或作縳亦作練素紗令白絹 **狷** 有所不爲也亦作獧 **眷** 居倦切顧也視也謂視而回首又眷屬也或作睠亦作婘又作券 **卷** 曲也又書卷可舒卷者曰卷編次者曰帙 **倦** 渠眷切音與圈同罷也勞也厭也懈也或作惓劵又作倦惓 **罥** 網也本作繯一曰綰也或作羂亦作絹

○**旋** 辭戀切遶也或作還 **漩** 水回也本作漩通作旋 **羨** 于線切餘也延也又饒也又璧羨度尺好三寸以爲度羨徑也好璧孔又墓道曰羨又曼羨盛大貌又豐羨奇羨 **羨** 似面切貪欲也又貪慕也一曰餘也又車

道曰美餘**延**及也**衍**水溢也又大貌豐也又寬也盛也盈也又山阪曰衍又下平曰衍又蕃衍茂盛又曼衍戰名又巴渝戲名漫衍魚龍之戲○**練**郎甸切練繒也精熟也又選也**鍊**治金也又藥治五金也或作煉通作練精鍊鍛鍊**楝**木也鵷雛食其實亦名金鈴子又楝花風或作欄**戀**力券切慕也眷也念也通作攣**孌**從也順也又婉孌美好也本作孌亦作孌○**面**彌箭切顏前也顏額也向也前也君臣位南北面賓主位東西面又相背曰面又面縛亦反借而縛之又方面當四方之一面也又竹扇名便面障面不欲見人則得其便亦曰屏面**偭**鄉也又偝也或作偭**眄**目偏合也一曰袤視也**瞋**瞋眩劇也或作泯賦視眩泯而無見目不安貌**麪**麥末或作麵○**變**彼卷切更也化也通也易也又故也轉也又災異也又變故也易解自有而無謂之變自無而有謂之化古作彯彭**弁**冕也本作覍周曰覍殷曰冔夏曰收又弁急也弁行剝剝起屨或作絣**抃**俯手也本作拚又手

搏曰抃通作卞又彈弄指爲歌舞之節又卞射武戲手搏爲卞角力爲武戲戲亦通作弁股弁股戰若抃也

便 婢面切安也利也宜也順也又即也又近便也便殿便宮便坐 ○**譴** 詰戰切譴問也責也怒也讓也大也譴大呵 **遣** 祖奠也將葬而祭曰遣奠既祭包牲體載之以車送柩而行曰遣車 **繾** 繾綣不已之意 ○**釧** 尺絹切臂鐶也 **串** 歌喉一串珠 **穿** 貫穿也 ○**援** 王眷切音與願同援援救助也又畔援跋扈也一云黨比也又四援四鄰也又胡援戈廣二寸胡三之援四之胡長六寸戈之旁出者援長八寸直刃也 **媛** 美女也又淑媛邦媛女賢也 **院** 垣也本作寏今言院即取名於周垣也又臺院殿院察院爲三院 ○**霰** 蘇佃切稷雪也雪初下未成光圓如稷粒一曰米雪濇雪亦曰濕雪粒雪又曰星也水雪相搏如星而散又謂之霄雪或作䨘亦作霹霰 **先** 相導前後曰先後先之也又先事而爲曰先先天先甲先庚又當後後而前曰先先長先物又娣姒曰先後 **線** 私箭切縷也本作綫或作

縺纞亦○茜茅蒐也可染絳色倩倉佃切美言也若
作洒　或作蒨通作精芊草木之葱倩又士
之美稱也又美元貌謂好口輔也東齊人○戰之膳
謂女壻爲倩一曰無廉隅言可借倩也戰切鬭
也皆陳曰戰一曰懼慄也恐也顫頭不正也俗言顫
或作戰以戈擊獸也亦作䍩　顫掉四支寒動也
○輾直前切音與晛同轉纏直碾切繞也○見胡甸
輪治轂也亦作碾　纏纖也約也　見切顯
也露也莧菜○俔輕甸切譬諭也一曰聞牽挽也本
通作現　莧名　俔見一曰罄也或作俔　牽作撵又
挽舟索一名○晛乃見切日見也一○見古電切視
百丈亦作堅　晛日日光或作𣈶　見也日有所
覙井見管見○片普薦切判木也木字之○徧卑見
竿見亟見　片半也半也判也又辦也　徧切匝
也周也或作○選須絹切擇也升之司徒曰選士一
遍亦作辯　選曰銓官銓選也又數也又白選貨
貝名又選佛○掾俞絹切緣也一口官屬曹官爲
塲或作撰　掾掾有决曹掾賊曹掾功府掾

汏字

綪蒨縓洵卞汴昪狿莚剸䏿溵楝栫韅龎悁鄄瑗澌

竉緣諓

十八嘯

嘯○調徒弔切賦也詩也選也又音調掉搖也振也顫

樂律也才調韻致也又筭度也也或作挑

銚燒器蓧芸草器多嘯切問終也弔生曰唁弔死

本作莜弔曰弔傷也愍也或作吊又至也蔦

寄生釣鉤魚也漁釣耕溺奴弔切本作尿人○醮子肖

草釣屠釣弋釣小便也又作屎

切冠娶祭名醮者醮盡之義又爻爝炬火也史湯得

親醮子而命之迎婚禮也或作礁伊尹爝以爟火

釁以飲酒盡也或趭犇也走貌古譙才笑切嬈譊

犧豭釂作歠通作醮趭賦神騰鬼趭譙也以辭相責

又譙讓或作誚**噍**齧也史噍咀芝英或作嚼又無噍類無復有活而噍食者○**摽**匹妙切擊也又
摽落也**漂**浮也水中打絮**慓**疾也急疾也通作剽亦作票**勡**劫也強取也通作剽**剽**砭刺
也剃也截也○**召**直照切呼也以手曰招以言曰召**邵**晉邑又姓或作召又德邵才邵邵高
也**劭**勸勉也又自強**少**失照切幼也老少之少**燒**爇也又野火曰燒○**呌**古弔切直
聲呼也或作嘄噭通作嘂禮鷄人掌夜嘑曰嘂百官**徼**徼循徼謂遮繞一曰境也謂以木石水爲界徼
猶塞也東北謂之塞西南謂之徼塞以障塞爲名徼取徼遮之義又小道也又邏卒曰游徼又徼妙**嶠**
渠廟切山銳而高也又山道一曰石絕水亦作嶠**轎**小車也又籃輿也**橋**鼻目一曰桔槔也記
奉席如橋衡○**燎**力照切音與料同柴祭天本作尞又庭燎又在地曰燎執之曰燭又樹之門外
曰大燭於內曰庭燎又放火也或作𥜒通作轑又云門燎地燭手燭**療**治也本作藥或作樂**料**力弔

切量也料度也計也理也又祿料也嘹鳴也又叫遠聲一云病呼○糶他弔切出穀也賣米眺

目不正也視也望也跳越也或作趙趒又作超跳獨出意窕輕窕也○肖私妙切骨肉相

似也又小也法也象也或作宵亦作俏鞘刀室也或作削史質氏酒削鼎食謂酒濯使新又作散

笑喜也欣也解顏啓齒也又咥也哂也或作咲亦作关从大非嘯蘇弔切吹聲也或作歗潚嘯長

嘯○廟眉召切廟貌也所以彷彿先人之容貌室有東西廂曰廟凡廟前曰廟後曰寢又廊廟古

作庿篎管之小者謂之篎妙彌笑切精微也好也神妙不測也又奇妙也又小年也或作眇○

姚剽姚勁疾貌又縹姚校尉亦作票姚又作票鷂燿照也又熠燿鮮明貌又熠燿蟲光似螢亦作燿

曜日曰曜靈又七曜○照之笑切明所燭也又日曰照或作炤亦作昭又若木花其光四照詔

詔照也又教導之也又上命也秦漢下天子獨稱之又待詔官名○要於笑切切要也又樞要要

會體要簡要淸要又月要考月成又欲也約契也記大信不約又司約謂言語之約束也○峭七肖切本作陗高竦也山峻又急也哨口不容也哨壺哨小也一曰壺口不正也又多言貌揚子禮義哨哨○竅苦弔切空也萬竅怒號○窔一叫切本作窔宧窔深也又奧窔之間一曰室中西南隅古賦冬、有窔夏複室也又作窔窈○票勁疾貌又漢票姚校尉

汰字

燋僬噭藋鷂獠蟉驃戲

十九效

效

○櫂直教切行舟也檝也又短曰檝長曰櫂或作棹⿰舟卓逍作濯漢有輯濯令丞輯與楫同又蟹曰撥棹橈救敎切曲也又枉橈橈敗又弱也撓擾也屈也或作鐃通作橈淖泥也濡甚曰淖亦溺

也濕也一曰和也**鬧**不靜也宣囂也又猥也或作撓**踔**敕教切踶也足蹋也踸踔不常貌一云譎

詭也也**趠**超也行貌又越也騰趠飛超通作踔○**教**古效切天垂文象人行其事謂之教教之爲言

效也又教訓也法也語也授也又詔命帝曰詔王及后曰教或作學古作𡔺**斆**教也或作學**校**

木囚也易荷校滅耳此桎也荷校滅趾此梏也又校獵校隊校人俱以木遮欄爲義又比校也又撿也計

量也又執也**較**直也一曰不等又相角也或作較歲較銖較**窖**地藏也本作窌囷窖又竇窖入

地陷曰竇方曰窖或作穽**覺**寤也夢醒曰覺○**效**胡教切一曰具也效力也勉也又授也又呈見

也獻也進也通作効史持衆美而效之君**傚**象也本作效學也倣也或作殽亦作爻又作斆效力之效

與倣傚之倣不同**孝**呼教切孝者畜也順於道不逆於倫之謂畜秀孝純孝**校**教學之宮夏曰

校禮薦豆執校豆中央直者也一曰械也又木爲欄格軍部及養馬用之故軍尉馬官皆以校名**効**

功也劾驗也或作傚通作效○豹比教切似虎圜文一名程古詩餓狼食不足飢豹食有餘言狼

貪豹廉有所程度而食其字從勺是也又蠅豹謝豹蟲名爆火烈又爆竹驚爆敲口教切擊也楚

凡揮棄物謂之敲骹脛也巧技巧上去二韻通押○拗於教切心戾也拗戾固相違也袎

襪靿靿靴靿○稍所教切出物有漸也祿食爲稍食稍稍給之也均也小也又漸也哨凡物

之殺銳曰哨本作䏓○砲披教切機石也本作礮范蠡兵法飛石垂十二斤爲機法行三百步又作

抛亦作䃀皰皮教切面瘡也淮南子潰小皰而發痤疽或作胞䐔又作靤𪖂○貌莫教切頌儀也

頌古容字本作皃又廟貌又畫物爲貌又委貌官名或作額通作緢○鈔初教切略取也或作抄又

錄之目亦曰鈔今楮幣曰鈔○樂魚教切好也樂山樂水○罩陟教切捕魚器罩者抑之

罾者舉之得魚一也或作䈇亦作罩覆鳥令不能飛

汰字

儤犦佼笊礉

二十號

號○**操**七到切節操所操守也又持也又風雅琴操 **造**就也又造士上士也至也又兩造又造詣造詣問謁也又造次急遽也又造父人名 **慥**慥慥言行相顧貌 **糙**米穀雜也 **喿**先到切鳥羣鳴也本作喿或作⿰阝蚤 **譟**擾聒也 **燥**乾也 **埽**拚除也汜埽曰埽又隄岸曰埽又埽灑也或作掃 **掃**洒掃本作埽 **躁**則到切疾也動也急進也燥也擾也或作趮 **竈**炊竈也又穿地爲竈 ○**導**徒到切導引也又治也又啓廸也通作道又簪導簪所以建髮於冠導所以擴髮入巾幘之裏又玉導 **幬**禪帳也又幔轂革亦作燾又覆幬 **盜**竊賄爲盜或作溫史記得驥溫驪溫音盜竊也 **燾**

左纛也以旄牛尾爲之在左騑馬首亦名羽葆幢又軍中大皁旗名皁纛或作翢又茸纛狠纛纛字去入二聲通押**蹈**踐也動也足履地**悼**懼也陳楚謂懼曰悼一曰傷也**道**言也又繇也道德之道在上聲**翿**翳也舞者所執或作翳通作纛平上去三聲通押**到**都道切至也又姓**倒**顛倒○**冒**莫到切涉也貪也又犯也又假稱曰冒又喪禮冒制如直囊上者曰質下者曰殺古作冐又怙冒丕冒**帽**帽猶冠義取蒙覆其首本纚也古者冠無帽冠下有纚以縚爲之後世因裁纚爲帽江左時野人已著帽人士亦往往而見但無頂圈後乃高其屋云或作帽通作冒**芼**草覆蔓也又菜食又塞也擇也謂用菜雜肉爲羹**眊**目不明貌或作毣**瑁**天子執瑁四寸圭上有物冒之也瑁似犁冠卽犁鏡也字書作犂錧通作冃**媢**夫妬婦也一曰不相視也又怒也通作冒**耄**本作薹九十曰耄通作旄亦作眊古作薹○**暴**薄報切曬暴暴之暴又徒博曰暴又猝也急也**瀑**疾雨也一曰沫也一曰瀑

霄也通作暴疾風暴雨之暴**⿰酉暴**一宿酒也**虣**强侵也猛也虐也又司虣通作暴**報**博耗切論囚曰報一曰荅也告也復也酬也又下淫曰報又施報投報報問報鞫報○**奧**烏到切本作奧宛深也内也主也藏也西南隅謂之奧又壼奧蘊奧**澳**深也一曰水名**懊**悔也恨也**隩**水隈崖也通作澳奧○**誥**古到切以文言告曉之也一曰告上曰告發下曰誥古作⿱告廾又夫人恩命曰鸞誥金花誥**告**牛觸人角著橫木所以告人也報也啓也又休暇曰告有予告賜告請休或謂之謝謝亦告也又唐制授官之符曰告身又播告**膏**潤也以脂膏潤物曰膏**浩**水名在金城郡又浩亹○**傲**五到切倨也慢也又樂也亦作敖又作慠⿱敖女通作驁謷又作謸**驁**本作驐駿馬以王申日死乘馬者忌之又驁夏樂章名又驁雄驁**鏊**餅鏊○**耗**呼到切稻屬本作秏飯之美者玄山之禾南海之秏一曰減也虛也又敗也惡也又息耗息生耗虛也**好**愛而不釋也又璧孔也**號**胡倒切敎令也

一曰名稱又召也呼也通作号○勞郎到切勞慰也勞者敘其勤以答也又諸侯相朝逆之以饔餼謂之郊勞澇水名又淹也犒苦到切餉也本作䭛亦作膏犒勞也○鑿在到切穿空也又圓鑿方枘又六鑿五鑿弓鑿輻鑿漕以水通輸曰漕

汰字

鄐舁艦葩墺氉

二十一箇

箇○挫則臥切摧也又頓挫又折其餘曰挫挫通作銼剉折傷也破也剝斫也或作挫莝斬芻也通作剉或作摧磋千个切磨治象牙也蹉足跌也又過也或作差凡數有差分垂差之法○賀何佐切以禮物相奉慶也又姓荷儋也負荷也又勞也如也或作何通作賀和胡臥切聲相應

也又徒吹謂之和周禮小師與其和注和錞于也又調也 貨 呼卧切財也可以交易曰貨貝貨化也又金玉曰貨布帛曰賄錢穀曰財

○佐 側个切本作左手左相佐也助也凡言左右左扶曰左右扶曰右又貳也副也亦作傞又王佐書佐酒佐 作 爲也造也起也俗作做非做音直信切 坐 徂卧切止也本作㘴行所止處也又被罪又坐獄對理曰坐 座 坐具牀座通作坐法坐正坐也聽朝之處

○柰 乃个切能也柰何也又遇也 那 語助或作柰哪亦作⿰口柰 稬 奴卧切秌名稻之黏者可爲酒或作糯作穤誤 愞 弱也或作懦亦作偄⿸疒耎

○播 補過切種也一曰布也揚也放也棄也又逋也越也遷也又唐置播州西南徼外蠻夜郎且蘭地古作𢿞 簸 揚米也通作播 譒 敷也書王譒告之修布言之也通作播

○些 蘇个切語辭夔峽湖湘人凡禁咒語末皆云娑婆訶三合而爲一也 娑 邏娑吐蕃都城名吐蕃號君長曰贊普贊普居跋布川或邏娑川或作逤通作些

○大 巨也 駄 唐佐

切畜負物也或作他凡以驢馬駝馱載物者謂之負他○軻口个切接軸車也一曰轗軻不得志
坷坎坷地不平又困坷○餓五个切飢也不滿也臥吾貨切伏也人臣事君俯僂也又寢也化
也精氣變化不與覺時同也又寢室曰臥○過古臥切越也度也又誤也失也罪愆也責也又經過
也又卦名大過小過破普過切石碎也破壞也剖也裂也劈也析也又曲破樂名明皇樂章多以邊地
名曲如伊州甘州之類曲終繁聲名爲入破○唾湯臥切口液也或作涶佗加也詩曰予之
佗矣○箇古賀切竹枚也一箇一枚依竹木而言之又凡也或作个明堂旁室爲青陽左个右个又
作介○磨模臥切石磑也本作䃺○惰徒臥切懶也急也不恭也或作憜亦作媠媠謾也又
作墮憜隓○邏郎佐切巡也游兵遮也游偵也又紫邏網邏○課苦臥切試也悅也第也又
計也程也

汰字

瘴堁沱

二十二禡

○駕古訝切馬在軛中又行也乘也又唐制天子居曰衙行曰駕又車乘也漢制大駕屬車八十一乘又馭也又具車馬曰駕又騰駕陵駕又君崩曰晏駕　又架棧也所以舉物本作椵或作稼舉閣也又屋架也間架也又棚也又架造曰架又禁架即符禁術通作枷稼禾之秀實曰稼莖節爲禾一曰在野曰稼有藁之禾一曰種之曰稼斂之曰穡又木稼即木水木介嫁女適人也家也往也又推惡于人曰嫁怨嫁禍假以物貸人也借也又至也郊唐冀兗之間曰假一曰休告也或作叚亦作下價售直也物所直數或作賈斝鬱酒之尊畫禾稼者又爵名夏曰醆殷曰斝周曰爵本作斚○亞幺駕

切醜也象人局背之形次也又就也少也 **婭** 兩壻相謂曰婭通作亞 **稏** 䆉稏稻多貌通作罷亞

迓 吾駕切本作訝相迎也謂以言辭迎而勞之也或作御亦作輅又作衙 **訝** 嗟訝也疑怪也 **砑** 碾也

○**霸** 必駕切把也霸持諸侯之權又霸州秦上谷郡地或作伯俗从西作覇非 **靶** 轡革所把御人處

弝 弓弣中手執處 **杷** 柄也或作欛刀柄也 **罷** 皮駕切音與杷同休也已也[illegible]也黜也了也

杷 步化切田器也 ○**詑** 丑亞切誇也誑也或作誇亦作咤夸咤也通作姹侘 **差** 異也 **汊** 水岐流也又爲汊地名

咤 陟駕切噴也叱怒也本作吒記母咤食又叱咤又痛惜曰咤或作嗄 **奼** 少女又美女也又河上奼女水銀也

○**舍** 始夜切市居曰舍凡師一宿爲舍又三十五里爲一舍又譯也又舍人又舍止息也又甲舍[illegible]舍幸舍精舍

赦 置也放置之也司刺掌三赦之法星占云天[illegible]屋動爲有赦

射 神夜切弓弩發於身而中于遠也从寸法度也亦于也五射白矢參連剡注襄尺井

儀或作䠶又注射謂辭辯斂速也

麝獸如小麋臍有香西北之麝噬虺而食栢故其香結東南山谿有松無栢故麝不結

貰貸也賒也

○詐側架切音與吒同欺也僞也詭譎也又匿行曰詐

醡酒盪也壓酒具又打油具或作笮苲亦作榨醡又作醋

蜡鋤駕切本作䄍索也合聚萬物索饗百神也年終祭名夏曰清祀殷曰嘉平周曰大蜡秦曰臘

乍止也暫也又乍兩辭也初也忽也猝也甫然也

○謝辭夜切辭去也一曰告也又辭謝也又代謝退也又衰也彫落也又往也去也又拜賜曰謝又聽也又姓

榭臺有屋一曰已屋無室又有水曰榭又榭爲臺上之屋歌前無壁今之驪是也又有東西廟曰廟無東西廟有室曰寢無室曰榭

卸司夜切舍車解馬也脫衣解甲曰卸舟人出載亦曰卸

瀉去水

○暇胡駕切閒暇無事也

假美也或作嘉假樂也

下降也自上而下也

夏時也夏假也萬物假大春夏之夏夏非華夏夏商之夏

○柘之夜切柘宜山石可爲弓才桑實曰甚柘實曰

隹又州名古羌地

又高柘山或作泵炙燔肉也韓詩

萬牛臠炙蔗諸蔗今甘

蔗通作柘○罅

呼訝切裂也又孔罅

罅漏或作罅亦作釁嚇以口距人謂之嚇

又笑聲或作赫○夜羊謝

切舍

也又暮也又夜干草名又時

夜司晨也又五夜又玄夜射僕射

官名○胯苦化切股

間也本作

髈或作袴跨渡也越也足過也

㬫通作跨跨又騎也亦作夸○禡莫駕切師行所

止恐有慢其神

下而祀之曰禡於內曰類於野曰禡詩是類是禡或

作貉亦作伯詩既伯既禱其神先儒以爲蚩尤或曰

黃帝罵詈也謂以惡言加网之也通○借子夜切假也

貸也又助也

作傌从网作罵俗作駡非

又推薦也或作藉藉慈夜切祭藉也一曰草不編狼

又草履曰不借

藉又薦也又薦玉曰藻藉六采

三等以朱白蒼畫之又醞藉及薦藉或作蘊亦作耤

又借也又藉田借民力以耕治又曰藉耕也又曰蹈

藉也又慰

藉枕藉○華胡化切本作𠌶華山西嶽東北冀東

南豫西南梁西北雍華山十字分之

〇化呼霸切變化也教化也凡以道業誨人謂之教躬行于上風動于下謂之化又貨賄貿易曰化又華物曰化 〇怕懼也或作⿰忄霸亦作⿰忄巴

汝字

壩灞樺擭⿰木罷帊

二十三漾

〇長直亮切度長短曰長一曰餘也多也宂也剩也 杖持也又所以扶行者又齒杖鳩杖几杖靈壽杖方竹杖九節杖靑藜杖又仙人杖佝杞名 仗兵器五刃總名兵人所執曰仗又唐制殿下兵衛曰仗又憑倚也通作杖 障之亮切隔也界也塞也又堡障或作鄣省作章又亭障屏幛錦步障 瘴癘也熱病 嶂山之高險如屏嶂者 帳知亮切張也一曰幬謂之帳又甲乙帳又小帳曰斗帳形如覆斗通

作張又蕙帳芙蓉帳百子帳流蘇帳紫綃帳 **張** 陳設也又供張又張絃曰張又侈大也又主張 **漲** 水泛溢也或作漲又寒漲滇漲 ○**亢** 苦浪切高極也又星名又蔽也上下相當無所卑屈曰亢又批亢擣虛 **抗** 扞也以手抗舉也抵也敵也通作亢又狠抗 **忼** 慨也竭誠也又忼慨感傷之意又豁達亦作慷 **伉** 匹也儷敵也配偶也一曰伉健也又伉直又藏物也 **閌** 閌閬高門又盛貌通作伉 **吭** 合浪切鳥咽又吞也或作肮亦作頏亢古賦哶吭清渠 **沆** 沆碭白氣之貌又沆瀣 **行** 次也一曰行行剛健貌又輩行也 ○**瀁** 餘亮切水出隴西栢道泉始出為瀁東南流為沔至漢中東行為漢又蕩瀁浮游貌或作瀁亦作養又瀇瀁清瀁瀁容瀁下从禾俗作水非 **樣** 法也式也 **恙** 憂也一曰蟲入腹食人心古者草居多被此毒故相問無恙又云北方有獸曰㺊㺊恙也黃帝殺之由是人無憂疾謂之無恙 **養** 供也下奉上曰養或作敹 **颺** 風所飛颺也 **瀁** 水溢蕩貌 **怏** 於亮切不服懟也情不足

也通
作軮○妄巫放切亂也虛妄誣也誕也罔也望月滿也與日相望如朝君也本作朢又云
日月之望从臣瞻望之望从𡈼又白望唐德宗時宦
者主宮市望而罔利又脉望蠹魚三食神仙字化成
又風望觖望觀望素望責望怨望忘棄忘也遺忘也王于放切興也王天下又神王又仲尼素王
古註在此一云當作平聲旺本作暀光美也迋往也也○宕大浪切過也放宕也一曰洞屋碭
石也又砰碭山名踼跌踼行失正也湯他浪切熱水灼也一曰蕩湯也熱沃體盪滌器也又行也
舁盪舟
○量力讓切龠合升斗斛曰五量又能容之謂量量又家量量公量量局量量又仁君恢山藪之量
兩乘也匹也又車數一乘曰一兩言其輪轅兩兩而耦也又車兩輪馬四足故車稱兩馬稱匹又倍丈
謂之端倍端謂之兩緉兩屨也一曰絞也通作兩亦通作量諒信也又相也助也方言衆信曰諒又
照察也通作亮又弼掠也又掠治又奪也取也又
亮寅亮劉亮通作涼掠侵掠鹵掠又拂過也鞠也

○餉式亮切饁餉饋也自家之野曰餉或作饟亦作餉狗

向國名一曰沛縣一云河內軹縣又姓

嚮本作鄉面也通作向易嚮明而治

鄉不久也若今人言適來也曩也通作鄉亦作向

向許亮切北出牖也一曰趣也救也通作鄉

○悵丑亮切音與唱同望恨也失志也或作脹又怊悵忻悵惆悵

暢長也通也達也又仲冬曰暢月又條暢曉暢敷暢又姓通作鬯

鬯以秬釀鬱草芬芳攸服以降神也曰秬鬯又七鬯

韔弓衣也或作韔一曰弓室通作鬯

唱尺亮切導也發歌引也先也或作倡亦作誯昌

○放甫妄切逐也古者臣有罪宥之於遠也又去也又肆也逸也又管仲曰令而不行謂之放又置也又捨也又梵放佛事至梵音必唱誦之寺外可聞

舫並兩船也方舟也泭也水中泭筏或作枋又白舫又畫舫齋

妨害也妨礙也

防符註切隄也止水也或作坊

○況許訪切音與向同寒水也或作湟亦作兄一曰益也矧也譬擬也善也又與況況味又脩況琴名又姓

兄

滋也詩倉兄塡兮 **貺** 賜也又與也通作况又臨訪曰來貺 **誑** 古況切欺也本作誑亦作迋誆 ○

剏 初亮切造法剏業也井法也初也通作創 **創** 懲也傷也或作刱古作刅 **愴** 傷也悽愴也 **倉**

喪也詩倉怳塡兮 ○ **曠** 苦謗切空明也遠也大也久也潤也又昭曠昭明也曠廣也又費日曰曠

日又男子壯無室曰曠夫通作廣亦作壙壙空也又作廣 **壙** 塹穴也又墓穴窖也又野也 **纊** 絮也

細綿也亦作絖又䊨纊纖纊夾纊洴澼纊 **廣** 古曠切音與誑同度廣曰廣禮記廣輪掩坎橫量曰廣從

量曰輪又廣輪廣袤東西曰廣南北曰輪曰袤一曰兵車名左右廣十五乘爲一廣一廣一百二十五人

又副車曰貳廣 ○ **上** 時亮切高也君也天子也又太上極尊之稱在上之上在此升上之上在上聲

尚 曾也庶幾也又高尚也又飾也加也又凡主天子之物皆曰尚尚醫尚食等是也又尊也娶公主謂

之尚公主一曰配也又猶也又姓通作上 **償** 還也 ○ **將** 子亮切帥也才足以將物而勝之謂之將

智足以帥人而先之醬醬醢又豉醬蒟醬
謂之帥又將領飛將醬芥醬醬蟻醬或作牆匠木工也
則浪切藏也或髒骯髒倖○藏徂浪切物所蓄
○葬作塟亦作葬髒直貌曰藏庫藏曰帑
又蓄物也臟通作藏腑也九臟精藏於腎神藏於心
或作臧臟魂藏於肝魄藏於肺志藏於脾此正臟
五又胃旁胱○謗補曠切毀也誹謗榜進船也吳榜
大小腸也訕也波謗雷謗榜越船又船師
曰榜人○傍蒲浪切近也倚也或傍附行也周禮牛
或作搒作並亦作竝通作旁傍人與其牽傍在
轅外輓牛人御之居前○浪求宕切倉浪水南入江
曰牵居旁曰傍通作傍○浪又波浪又博浪郡又孟
浪漫浪謔閬門高也又閬風仙○狀鋤亮切犬形也
浪踏浪閬苑又巴郡閬中縣一曰類也形狀
也形象也又形容之也陳也又札也牒也又無狀言
無顏面見人又言其罪惡之大無可寄言故言無狀
壯側亮切大也三十曰壯氣力浸强之名健也一曰
壯傷也淮南呼壯為傷又八月為壯又大壯卦名又

壯髮額前侵下而生○**釀**汝亮切醞也作酒曰釀後人因謂酒爲釀○**訪**敷亮切泛謀曰訪廣

問於人也又及也見也○**相**息亮切視也助也又扶也又儐也導也又七月爲相又丞相內相計

相又春不相送杵聲又成相雜詞又樂器相拊也亦以節樂八音以鼓爲君以相爲臣又州名○**盎**

烏浪切盎也又盛貌又盎齊酒名又牛鳴盎凡聽徵如猪豕覺而駭羽如鳴馬在野宮如牛鳴窌中商如

離羣羊角如雞登木以音疾而清○**當**丁浪切主也主當又底也玉巵無當無底也今俗有匡當

之言又中也又宮中燕飲名排當又屏當行當幹當勾當○**喪**蘇浪切亡也死也又失也又仕失位

曰喪古作䘮俗作丧誤○**仰**魚向切恃也資也或作卬下託上曰仰○**讓**人樣切相責也

一曰謙也先人後巳謂之讓通作攘又瀼州有文州武鄉廉泉讓水

汰字

羕脹瑒桁醠坱

二十四敬

○**敬**居慶切肅也恭也慎也在貌為恭在心為敬又姓或作憼**竟**樂曲盡為竟又窮也終也已也**鏡**景也有光景也鑑也鏡神曰紫珍一名金燗又龍鏡鸞鏡石鏡水鏡藻鏡又海鏡如蚌臯鏡古者祠黄帝用之**競**渠敬切一曰逐也强也爭也高也遽也盛也或作誩亦作傹又作倞又奔競華競**檠**有足所以几物檠子疊名榜也又隔子以竹曰籩以木曰豆即今之檠也**勁**居正切强也健也堅也遒也

○**併**畀正切音與柄同並也兼也合也皆也或作并**屏**除也又棄也通作併**病**皮命切疾加也憂也苦也疵也患也**平**平物賈也周禮質劑市中平賈今時月平子又楊子一閧之市必立之平又平其不平曰平漢書廷尉平**迸**北諍切散走也涌也又斥逐也或作跰**柄**陂病切柯也本也權

也或作棅亦作秉又作枋又㮒柄扉柄麈柄讒柄又松柄執松枝爲談柄○**淨**疾正切無垢藏也本作瀞或作清亦作靚**靚**召也裝飾也明也粉白黛綠謂之靚粧或作靘**穽**陷也穿地爲塹以禦禽獸超踰則陷世謂之陷穽或作阱占作汬又語穽**請**謁也延請又朝朝請漢官名又奉朝請春朝朝爲朝秋朝曰請○**政**之盛切正也下所取正又大曰政小曰政事又以法正民曰政以道誨人曰政**正**是也守一以正也又正當也長也定也平也君也又歲之首月曰正正月四月正陽亦曰正月又五正句芒木正祝融火正蓐收金正玄冥水正后土土正又三正天正陽氣始至地正萬物始芽人正萬物孚甲又晨正又是正**鄭**直正切州名町也其地町然平也一曰重也鄭重慇勤也又姓○**倩**七政切假也借也東齊之間壻謂之倩言可假借也**凊**本作清寒也冬溫夏凊○**孟**莫更切長也勉也又始也又州名又孟陬寅孟又季孟又姓**盟**盟津地名或作明亦作孟○**更**古孟切音與勁同改也再

也**賡**續也書乃賡載歌○**聘**匹正切聘訪問之以耳也周禮衆來曰頫特來曰聘又大問曰

聘小聘曰問**娉**娶問也通作聘○**夐**虛正切營求也又遠也又冠絕**詗**知處告言之又候伺

也漢書爲中詗○**盛**丞政切多也長也茂也大也又受物曰盛又姓**晟**明也熾也○**性**息正

切人之陽氣性善者也一曰心生爲性又性行又上性或作生**姓**人所生也又姓氏姓者所以繫統百

世使不別氏者所以別子孫所出又右姓望姓古作齒○**遉**丑正切邏候也廉視也探伺也通作

偵游遉謂之細作傳謂之諜**偵**問也○**詠**爲命切歌也詠歌謳吟也或作咏亦作永又詠詠觴

詠**泳**潛行水中也○**映**於敬切隱也明也明相照也或作暎又窺映玉映**硬**丘更切鞕

也堅牢也強也○**慶**丘敬切行賀人也古以鹿皮爲贄故从鹿又福也又州名又姓○**行**胡孟

切言迹也行者行也小曰行大曰德於文彳亍爲行左右足相副而行又行迹又事也言行也又巡視也

○聖式正切通也通通而先識曰聖無所不通之謂聖睿也古作𦔻 ○令力正切發號也命也又律也法也善也又告也一曰官署之長又漢法縣萬戶以上爲令以下爲長又時令月令又令甲令乙令丙又目使頤令又䑃令詩令 ○榜北孟切音與進同進舟也又笞也或作搒榜人船人也 ○迎魚慶切迓也親迎婿引婦歸也 ○命眉病切命使也又吉凶定命又教也道也信也計也召也命令大曰命小曰令上出爲命下稟爲令又名也亡命脫其名籍而逃命世有名于世也 ○横戶孟切不順理也 ○諍側迸切止也謂能止其失也諫諍也通作爭 ○輕牽正切疾也左傳輕而不整

汰字

獍柄醟禜

徑

二十五徑

○磴登陟之道又梯磴亦作隥嶝或作墱飛階謂之墱又墱流水分派也鐙馬鞍具鞍鐙也又豆下跗凳牀屬或作橙鄧徒亘切南陽州名又姓蹬蹭蹬失道又困頓也瞪澄應切音與鄧同直視貌或作貽○釘丁定切黃金也又以釘釘物也訂平議也又逗遛也史言重訂金飣置食也唐書飣坐黎定營室星也作宮以營室星爲正禮羹定詔於堂定熟肉廷正也直也朝位也朝廷與平聲通押定徒徑切安也靜也止也凝也決也一曰丘左曰澤曰定又諡法純行不差曰定又州名通作奠又泰定神定譬定○徑古定切步道小道不容車者今之移路又直陂爲徑徑廷也又遂上有徑或作逕通作經亦作俓俓直也堅也通作徑經織也經緯又雉經脛胡定切音與行同胻也莖也直而長以物莖也腳脛或作踁[illegible]○濘乃定切滎濘也左傳戎馬旋濘泥濘

也

佞 巧讇高材也又女子之信近於佞又不佞佞自謙之詞又格佞佞㑁佞

寧 又詞寧馨兒謂如何生此兒也

凝 牛孕切音與迎同止水也

○**孕** 以證切裹子也从乃音殊草木之實亦取象于乃朶字是也人裹姙似之亦作⿰月黽⿰女黽通作繩从乃非

賸 物相增加也一曰副也長也又冗長也益也餘也

媵 送也本作⿰月灷從嫁之女為媵又伊尹為有莘媵臣媵將送也即不拮為妾又姪娣曰媵媵承也承事嫡也或作⿰亻灷

○**乘** 食證切音與鄭同車也一曰物雙曰乘乘韋犒師又四數曰乘馬馬乘矢乘鴈又晉史曰乘又超乘別乘又乘丘縣名又田制四丘曰乘或作椉兖通作甸

賸 益也餘也俗作剩非

勝 詩證切克也勝負之對又加也優過之也又戴勝鳥頭上毛花成勝又巨勝胡麻黑者一葉兩莢又莖圓胡麻方者巨勝又曰角四稜胡麻八稜巨勝古作⿱穴允又華勝名勝廟勝

○**亘** 居鄧切竟也象舟竟兩岸竟者竟極之也橫亘之也又通也延袤也本作揯

恒 月弦也如月之恒又徧也又常也

絙急張也盡也又索也

○聽他定切待也諦也古作[耳壬]又五聽求民情謂辭聽色聽氣聽耳聽目聽又天聽

庭逕庭激過也一曰不近人情又隔遠貌

○瞑莫定切音與命同夕也又晦也或作冥

瞑翕目也又瞑眩謂若藥毒使人目閉而眩之也

○罄苦定切空也本作窒左傳室如懸罄垂盡也

磬書擊石拊石石磬也戛擊鳴球者玉磬也磬人為磬股廣三寸長尺二寸半十六枚同一簴曰編磬一曰磬形似犁琯又磬控騁馬曰磬使之曲折如磬止馬曰控令人呼馬轡為磬控又齊人相絞訐為掉磬北海人以激事為掉磬又縣縊殺曰磬記磬于甸人古作硜

○證諸應切音與正同告也驗也候也質也

烝氣之上達也熱也鬱熱也或作蒸

○瑩烏定切玉色如玉之瑩又潔也又聽瑩摩瑩鏡瑩

○甑子孕切甗也本作䰝鬵屬也甗無底曰甑黃帝始作釜甑

○應於證切荅也物相應也又當也又樂名笙師春櫝應雅櫝應雅三樂名應長六寸五寸象柷有椎連底左右相

擊以應柷小鼓曰應鼓所以應○興許應切象也又
大也又應門天子正門又州名比興又興況意
思也又雅○稱昌孕切音與逎同權衡也分寸起于
與幽與秒秒禾芒也故程器字皆从禾一曰
宜也愜也是也銓也又正斤兩也又度也量也又適
物之宜也又相等也又衣單複具曰稱又副也又舉
也取一償二爲倍稱又○贈昨亘切玩好相送贈之
名號謂之稱或作秤爲言稱也又車馬曰賵
布帛曰賻珠玉曰含○凌里孕切音與令同○凴皮
衣服曰襚總謂之贈冰也凌人凌陰孕
切依新佞切音與
几也○醒性同醉解也

汱字

甯可頲嶝堋懜

二十六宥

○**逅** 邂逅相遇也不期而會曰邂逅 **冓** 交積材也又數也十秭曰冓又中冓宮中構結深宻之處 **覯** 遇見也汎見曰見接見曰覯 **遘** 遇也遘猶結構也理相當對 **構** 蓋也架也合集也又成也亂也一曰屋椽也肯構雲構 **購** 以財有所求也購遘遇也又購書購贖又以財相賕曰購償之也 **媾** 重婚也婚媾婦曰婚重婚曰媾厚也又合也又和也 **詬** 謑詬恥也又詈也或作訽 **姤** 陰陽相遇也又偶也 **句** 拘也句當 **彀** 古候切張弓弩也漢有金吾彀騎彀引滿也通作句 **鷇** 哺而活者曰鷇生自啄者曰雛本作鷇賦聖人以百年爲鶉鷇 **榖** 祿也又善也

○**胄** 直祐切兜鍪从月或作䩜亦作軸古之甲胄皆用犀兕後世始用鐵故兜鍪字皆从金 **冑** 胤也冑子國子也裔也又系也嗣也或作伷華冑冑齒冑與甲胄之胄不同下从肉 **宙** 往古來今曰宙舟輿所極覆也 **酎** 三重醇酒漢制嘗以正月作酒八月乃熟以獻宗廟 **繇** 占辭謂卦兆辭也古作擂 **紬** 集也一曰緒也紬金匱玉室之

書綴諷誦書也又卜籒謂讀卦爻辭也又史陟
集也籒籒周宣王時太史名作大篆故稱籒文晝救
切音與祝同日之出喙也本作噣三心五噣噣謂
入與夜為界又邑名咮之柳咮為鶉火或作喙亦作
啄又作注考工記以注鳴者祝職救切祭主贊詞詛
精列蟋蟀基又鳳咮硯名也又願也或作呪亦
作說又○獸舒救切兩足曰禽四足而毛曰獸飛曰
作訓禽走曰獸在野曰獸在家曰畜又獸者
守也言力多不易可擒狩火田為狩放火燒草守其
先須圍守然後可獲下風圍守也冬物畢成獲
則取之無擇也守諸侯為天子守土故稱守漢制漢
冬狩又巡狩太守守守之也所守也又為之守也
首嚮也東首北首丘首收獲多又斂也授承咒切予
一曰有咎自陳曰首易井收勿幕也付也或
作櫼柄授客壽久售賣去手也又儥也或作讐○救
授色授天授也楊子欲售僞者必假真
居祐切止也護也振也拯也爾雅絇謂之救究窮也
救絲以為絇也或作詠禁也助也亦作捄又深

也謀也盡也推尋也又究究相灼也灼病也一
憎惡貌又學究官名古作䆒　**灸**體療病　**疚**曰久病
廐馬舍也馬有二百十四匹爲廐廐　**舊**巨救切鴟舊
有僕夫又聚也生馬之所聚也　畱也卽怪鴟
也今借爲新舊字故也對新之稱又久也　**柩**棺也在
昔也老宿也又耆舊从萑臼俗作舊非　牀曰尸
在棺曰柩柩之言究也久也久不復變　○**覆**敷救切
也又有屍謂之柩空棺謂之櫬亦作舊　覂也一
曰蓋也蓋覆貳也佐也稱也又后夫人首飾今人
也又茨苲也　**副**謂之翟髻副之言覆覆所以覆首其遺
像若今步頓伏兵曰覆又三覆之法遊騎當
搖或作鬴　**仆**也　**覆**前戰騎當後陷騎當變而分　**復**
扶富切又也再也或作復　**伏**鳥抱　**富**方副切豐于財
此復又之復非反復之復子　也一曰厚也又
臣能世祿曰富又　○**袖**似祐切袂也本作褎亦作褏
富於春秋又姓　袂是袖之大名袪是袖頭之
小稱又經　**岫**山有穴曰　**秀**息救切禾實也有實之象
袖領袖　岫或作峀　也下垂也出也榮也茂也

美也木謂之榮草謂之華不榮而實謂之秀榮而不實謂之英又草木之華曰秀又茅秀謂茅花也又二秀芝草也又秀才又州名又神秀孝秀競秀獨秀

宿 列星也舍也二十八宿又止息也又棲宿

繡 五采備也畫也畫繢五采兼備謂之繡文又五采刺文也又朱繡衮繡絺繡作綉非

琇 石次玉詩充耳琇實

○**豆** 田候切古食肉器也又一豆酒當一升一豆肉一豆酒中人之食也又四升曰豆或作梪又豆登朩曰豆瓦曰登豆薦葅醢登盛大羹也亦从竹作笠又豆蔲二作荳又荳蔻

逗 止也逗遛又住也又逗撓曲行避敵曰逗或作投

餖 飣也韓詩肴核分飣餖

竇 空也穴也水竇也或作瀆通作瀆又華門圭竇又雲門雪竇皆禪宗也又姓

讀 句讀凡經書成文語絕處謂之句語未絕而點分之以便誦詠謂之讀今秘書較書式凡句絕則點於字之旁讀分則點於字之中間通作投或作噴

鬬 本作鬭鬬遇也兩士相對兵仗在後象鬭之形从鬥非

○**宥** 于救切寬也寬之而已未全放也通

作又三又一曰不識二曰過失三曰遺忘侑耦也本作姷勸食也以樂侑食又三皇五帝有勸戒之器名侑巵欹器也通作宥又通作右勸也助也囿苑有垣也有藩曰園有牆曰囿一曰以城養禽獸曰囿又園亦曰囿園樹果菜也或作圞右手口相助也一曰以謀以力也佐也助也左右相助也易以左右民詩保右命之或作佑又古右手字一曰又猶更也祐福祐也神助也通作右○輮如又切車輞也車輪外木一曰牙一曰渠蹂踐也肉錢璧之體璧外謂之肉內謂之好肉倍好者璧好倍肉者瑗肉好如一旋而不窮者環肉好之音旋而不可窮者也肉好猶俗言美滿也肥肉揉順也詩揉此萬邦糅女救切雜飰也木作粗雜也今謂異色物相集曰糅狃習也又就也○候胡遺切伺望也守疆吏也待也又氣候證候也今文作候後相導前後曰先後又力言娣姒曰先後後天後庚後後長之後是也后君也又皇后天子之妃商以前皆稱妃至周始稱后堠記里堡今封堠也

鍭金鍭箭羽侯物而射之也或作猴○澑力救切水出鬱林又水溜水垂下也通作霤廇中庭也屋霤其地謂之廇通作霤又中霤土神名畱本作𢔊𢓜𢔊行相待也今作宿畱謂有所須待也躊躇停待貌又濡滯也郎宿畱也又伺便也又停畱也霤屋水流也屋簷滴雨爲霤通作澑○柚余救切條也似橙而酢柚皮苦橙皮甘大曰橘小曰柚果之美者有雲夢之橘柚或作櫾槱積火燎之詩薪之槱之又槱燎祭名或作𥙉猶獸名如麂善登木多疑慮猶豫不決也褎盛飾貌詩褎如充耳又實種實褎禾盛貌史褎然爲舉首○茂草木盛貌通作楙戊莫候切戊中宮也象六甲五龍相拘絞也戊承丁象人脅也在中土象漢志豐茂於戊歲在戊曰徒維又曰著雍月在戊曰厲戊在中極鈎陳之位兵衛之象戊土寄于戊故加一則爲戌懋勉也勸勉又美也書懋遷勸勉遷易也通作楙亦通作茂瞀低目謹視也一曰目不明也通作貿○驟鋤祐切馬行疾也小曰馳不馳

而小疾曰驟或作騶又步驟**僽**僝僽**奏**則候切進也一曰簡類晉法召王公以一尺奏王公以下用一尺版又節奏音樂高下緩急之度又樂一更端曰奏故九成謂之九奏**走**疾趨也又驅而走之也○**漱**先奏切蕩口也盥漱又滌也又漱浣無垢加功曰漱去垢曰浣又手曰漱取里語斗漱也足曰澣**嗽**欬也上氣逆喘或作瘶**嗾**使犬聲**瘦**折祐切臞也本作瘦瘠也或作膄○**皺**側救切皺也面皺又眉攢也松鱗皺水波皺又紅皺**縐**絺之細也一曰蹴也衣不伸一云蹙蹙縮也**甃**井甓也井甃結砌也王甃珉甃缺甃○**就**病僦切就高也語曰就之如日日高人就之成也迎也即也從也終也帀也五釆一帀曰就成也五釆帀則一成九就五就三就一就又五服三就**鷲**鳥黑色多子西域有靈鷲山或作鸛通作就**僦**即就切賃也雇載曰賃僦○**陋**盧候切阨陋也踈惡也又鄙惡从匚从丙从内誤**漏**以銅受水刻節晝夜百節亦取漏下之義一曰泄也又滲漏又

竅也又室西北隅曰屋漏又勾漏地名或作扁

鏤 剛鐵可以刻鏤又雕刻也又銀鏤青鏤鐫鏤

○**湊** 倉奏切水會也聚也又趣也又題湊禮記栢椁以端長六尺題頭也以栢木黃心致累棺外謂之黃腸木頭皆內向謂之題湊

轃 輻其轂也通作湊湊亦作奏

蔟 太蔟正月律名萬物始大湊地而出一曰蠶蔟又奏奏也言陽氣大奏地而發物或作族

○**寇** 苦候切暴也鈔也仇也賊也羣行攻劫曰寇殺人曰賊凡物盛多謂之寇今江東有小鳧其多無數俗謂之寇俗作寇非又山木自寇膏火自煎又姓

扣 擊也本作敂通作叩

○**吼** 厚怒也又聲也

蔻 豆蔻草實生交趾

○**繆** 眉救切戾也紕繆一曰名與實爽曰繆又糾繆刊繆又姓

謬 狂者之妄言誤也詐也欺或作嘐

○**耨** 奴豆切薅器也耨如鏟柄長三尺刃廣二寸以刺地除草世本垂作耨又火耨耒耨銚耨鋤耨耨或作鎒

譳 諠譳不能言也

○**臭** 尺救切禽走臭而知其迹者犬也故从犬以鼻知臭故从自凡氣之總名又香臭氣

之應鼻者爲臭故香亦謂之臭又容臭以臭物可以修飾形容故謂之容臭　鼻詩救切以鼻收氣也本作嗅亦作臭○畜丑救切六畜牛馬羊犬豕雞養之曰畜用之曰牲本作嘼禮龍以爲畜○透他候切跳也過也又徹也通也○漚烏候切久漬也漚菅漚絲漚麻漸也楚曰漚齊曰湊又柔也漸漬使柔韌也或作渥○幼伊謬切少也人生十年曰幼○糗丘救切熬米麥

汏字

䢊䢊䆀颵狖蜼郈鸑脰彀𩿨瘦

二十七沁

○任汝鴆切克也又用也又所自負也　妊孕也妊身懷孕也或作姙通作任　紝絡縷也織縷機紝或作紉　衽衣衿也或作袵亦作袵　賃乃禁切庸也爲功庸以求食也傭賃也借

也就也或作任○蔭於禁切草陰地草所庇也入陰景曰蔭又樾蔭桑蔭動熱蔭或作萻廕通作陰又

作音喑泣無聲謂之喑泣不止又聚氣貌又聲也韓詩白鶴吽相喑言聲相應也窨地室也今謂地

窖藏言爲窨飲歠也以飲飲之○浸子鴆切清也涵也沈也澤之總名也又漸也或作湛亦作

寖又作濅浸寖浸通作濅祲精氣感祥也又日傍氣謂陰陽氣相祲漸以成災祥又天人精氣相動也

鋟刻傷也沁七鴆切水出上黨羊頭山東南入河北人以物探衣爲沁又小飲也○鴆直禁

切毒鳥也大如鶚紫綠色頸長七八寸食蛇蝮雄名運日雌名陰諧以其毛歷飲食則殺人或作酖沈

没也又投物水中也或作沈亦作湛枕之任切臥首據物也木在首曰枕又枕臥而不安之謂也○

噤巨禁切寒厥尸閉也或作趻紟紟帶又結也又衣系又單被或作衿禁居蔭切吉凶之忌制

也謹也止也又天子所居曰禁行道豹尾中亦曰禁中又酒器天子之尊㮣禁大夫士棜禁○吟

宜禁切長味也韓詩白鶴相叫吟

○臨力鴆切衆哭曰臨禮王弔臨以尊適卑曰臨又偏向也

○甚時鴆切大過也劇過也尤也深也

○深式禁切度深曰深不淺也深深淺之度曰深

○讖楚譖切音與闖同驗也凡讖緯皆言將來之驗也又纖也其義纖微又讖書符讖

○譖莊蔭切愬也誣告之也譖者簪也若簪簪之著物切至也讒也毀也旁入曰譖

○滲所禁切下漉也史滋液滲漉

○闖丑禁切馬出門貌闖然不敢闖皆以窺覘爲義

汰字

伈僸傑霖揕

二十八勘

○淡徒濫切薄也淡濃之對

澹水搖也一曰動也一曰安也澹林東胡名

憺恬靜也或作倓

亦作倓通作澹亦亦作淡啗食也或作嚪餤啖噉○濫盧瞰切汜也江出嶓山原可濫觴泛觴也

一曰濡上及下也一曰清也又叨濫也水延漫也淫也又醯濫記莒之間名諸爲濫乾桃乾梅皆曰諸又

浴器或作灠又鷄濫堆纜維舟絚○闞苦濫切音與㘚同望也又魯邑名又姓瞰俯視

曰瞰或作矙○憾胡紺切恨也或作感唅唵也一曰哺也通作含○檐都濫切負也又

所負也或作擔亦作儋甔小石小甖也通作儋又作擔擔石之儲○暫藏濫切不久也暫猶

卒也通作蹔鏨小鑿也鑴石○三蘇暫切叄之也三省三思三三復皆平去二聲參七紺

切鼓曲也又參鼓也或作摻○勘苦紺切較也又鞫囚也○紺古暗切帛深青揚赤色合

也謂青而含赤色也○探他紺切本作撢探取也嘗也試也伺也索也○暗烏紺切日無光

也又黙也深也不明也或作晻通作闇

汰字

灨淦琀莟

二十九豔

豔

○豔以贍切好而美也容色豐滿也又曰美色爲豔或作艷又歆羨也通作豓　灩瀲灩水動貌又水滿或作灩　爓本作燄亦作焰火行微燄燄也又作炎通作掞燚聲焰氣焰文焰　厭於豔切足也又厭數也又厭厭然特美也通作饜　饜飫也或作猒飽也亦作懕厭

○店都念切停物舍置也所以置貨鬻物　玷玉病也又缺也　坫屏也一曰反爵亢圭處以土爲之在兩楹間近南　墊下也又墊隘又昏墊溺也又江名亦作阽

○襜昌豔切披衣也或作幨裧　韂韍也蔽膝也通作襜幨　韂馬障泥也　占章豔切固有也擅據也著位也又隱度其辭卜以授人曰卜占隱度戶口來附

本業曰自占○閃舒贍切闚頭門中也掞舒也一曰疾動古詩擿藻掞天庭或作撊○槧七豔切牘樸也斷木爲槧漸也槧版長三尺言漸漸然長也又鉛槧塹坑也一曰大也遶城水也或作壍亦作嶄塹又天塹巨塹○斂力驗切聚也又收也瀲泛瀲水滿貌一曰水波也○驗魚窆切效也證也徵也又考視也噞噞喁魚口出水貌韓詩諷詠口喁噞古賦抗旍則威噞秋霜○砭陂驗切以石刺病也石針窆葬下棺也或作封○忝辱也○念奴店切常思也臥念服念本作念○僭子念切假也儗也又差也侵也古作替俗作僭非○歉語念切食不滿也○釅魚欠切酢漿本作醶酒醋味厚也醲也○贍時豔切賙也給也或作贍亦作儋澹又豪贍文贍華贍○劒居欠切人所帶兵也撿也所以防撿非常也龍泉太阿干將鏌鋣斷蛇魚腹純鉤燕支蔡偷屬鏤千隊棠谿墨陽巨闕辟閭並劒名又擁劒蟹名負劒挾於旁也

汰字

獫㯹傔

三十陷

○梵扶泛切西域種號出浮圖書此云清淨正言寂靜又梵唄羗戎吟聲
帆舟幔也船使風也帆是扇風之名或作颿通作颿
颿颿颿走也一曰馬疾步也
泛孚梵切浮也或作汎通作氾
氾濫也又水名又氾灑也
渢渢渢中庸聲
○監臨也領也又視也又寺監又牧苑亦曰監又鹽鐵官所治亦曰監
鑑格懺切大盆也鏡也又照也誡也或作鑒通作監
○蘸莊陷切以物投水也
賺直陷切賣也重買也又市物失實
○陷戶歆切高下也一曰陊也入地隤或作埳錎
○儳仕陷切音與讒同輕賤貌一曰儳互不齊輕言也又參雜也又暫也
○懺又鑑切自陳悔

名小
弃䭇於陷切下聲又烏
䭇合切見覃字韻
鑑胡監切瓫瓴之屬禮作
鑑左傳備水器襄九年
大豐似盆續漢書
闞聲也又虎覽火斬苦濫
云盜伏下豐下
闞三切見敢䊕闞三韻
鑒與鑑
同詩
我心匪鑒當於
鑑字下亦作鑒

卷之四

世書堂詩韻更定卷之五目錄

入聲

一屋　共一百五十二字
選一百三十五字
汰十八字

二沃　共七十字
選六十二字
汰八字

三覺　共六十八字
選五十三字
汰十五字

四質　共一百一十八字
三選九十四字
汰二十四字

五物　共四十四字
選三十七字
汰七字

六月　共八十六字
二選六十四字
汰二十二字

七曷　共七十三字
二選五十四字
汰十九字

八黠　共四十字　選二十七字　汰十三字

九屑　共一百四十字　選一百二十三字　汰十七字

十藥　共一百五十八字　選一百三十字　汰二十八字

十一陌　共一百六十九字　二選一百四十八字　汰二十三字

十二錫　共八十四字　選六十九字　汰十五字

十三職　共一百零七字　三選九十六字　汰十一字

十四緝　共五十字　選四十七字　汰三字

十五合　共五十字　二選四十二字　汰八字

十六葉　共七十五字　選六十九字　汰六字

十七洽共三十八字

選三十二字
汰六字

世書堂詩韻更定卷之五 入聲

鄮湖吳國縉玉林甫編輯

一屋

屋

○**福** 方六切福備也祐也又德也又善也祥也百順之名也又州名 **幅** 布帛廣左傳幅利富如布帛之有幅又修飾邊幅又全幅爲巾隱士之服或作幅亦作區 **腹** 本作腹一曰身中又腹肚也腹爲五藏之總又鼓腹披腹捫腹 **輻** 輪轑也輪輻三十以象日月 **蝠** 蝙蝠伏冀也 **複** 重衣也一曰褚衣又上下有道曰複道通作復 **復** 重也詩顧我復我或作復 **副** 剖也判也裂也 **覆** 反也審也又敗也又倒也通作復 **蓄** 蓄也惡菜幽州謂燕蓄可啖荒歲可禦饑 **伏** 房六切伺也匿藏也又隱也歷也又跧也偃也又强也又三伏日又雖伏赤伏摘伏又姓 **服** 用也一曰車右騑所以舟旋一曰車左右

驂左曰騑右曰服車駕四馬在內兩馬謂之服在外兩馬謂之騑又服謂車平軛皆鑿孔以鈴子貫之謂之服又衣服又冠曰元服又五服喪服也又事也又行也又習也整也又六服王畿侯甸綏要荒屬也從也又商五服侯甸男采衛周九服侯甸男采衛鑾夷鎮荒或作𦨈从舟从卩當从舟不从月

茯 茯苓藥草

菔 蘆菔菜名一名來服言來麰之所服也今訛爲羅蔔一曰刀劍衣

箙 一弩矢箙也一曰織竹曰箋以皮曰箙箙者柔服之義箋者相迫迮之名或作韛鞴通作鞴亦作服

鵩 鴞屬

馥 香氣也殘膏賸馥

澓 伏流也水洄也或作洑

○

祿 盧谷切福也一曰居官所給稟祿之言錄也若言省錄之也又善也又天祿獸漢有天祿閣又元冥回祿火神

碌 碌硞石也又多石貌

鹿 山獸麚牡也麀牝也麛其子也千年爲蒼鹿又百年爲白鹿又五百年爲玄鹿又鹿車小車也裁容一鹿又鹿臺在朝歌大三里高千尺又涿鹿山名鉅鹿地名又蕉鹿又衡鹿官名五鹿姓

簏 竹高篋也又書簏絮簏車簏又

祖約障簏或作篆通作盝**漉**滲漉水下貌又撈也或作淥**麓**守山林吏也一曰林屬於山爲麓又山足也又沙麓早麓大麓又錄也古作禁通作鹿**琭**玉貌琭琭如玉瑜少也**錄**錄錄不自異也又作碌碌言循衆也又作鹿鹿言凡鹿中又作娽娽謂隨從也又作陸陸**轆**車軌道謂之轣轆一曰車棃也趙魏之間謂之轣轆亦作歷錄或作轆**六**力竹切三兩爲六老陰數也四千五百歲爲一元一元之中爲九厄陽厄五陰厄四陽爲旱陰爲水郎入元百六歲有陽厄故曰百六之會又勝六雪神又龜藏六**陸**高平口陸又莧陸陸陸菌叢生與莧皆柔脆之物又馬陸百足蚿之大者又姓**戮**殺也刑戮也又癡行也又辱也或作僇**稑**疾熟也後種先熟曰稑或作穋**蓼**草長大貌詩蓼蓼者莪**勠**幷力也或作勠通作戮○**速**桑谷切疾也又召也徵也古作警遫通作數又神速淹速又伐樹去木取香曰生速樹仆地腐而香存者曰熟速**蔌**菜茹之總名謂菜殽又蔌蔌陋也又野蔌溪蔌**餗**

鼎實本作鬻健也菜餗又蒸蔬竹萌曰笥笥者餗之爲芽八珍之物或作餐

欶 樸欶小木

遬 覺遬也又齊遬

觫 觳觫懼死貌

縮 所六切亂也一曰蹴也斂也退也又短也又直也又墻維也詩縮版以載又縮者縛束之又物不中曰縮又蝸縮瑟縮蓄縮蹙縮

蹜 足迫也鳥鵲類其飛堂蹜在腹下或作宿通作縮

謖 起也史謖謖如松下風

䎘 鳥飛貌或作蕭

茜 束茅茜酒一曰榼上塞也通作縮

肅 息逐切肅持事振敬也一曰進疾也恭也敬也戒也又速也又進也又州名月氏地古作書

夙 早敬也本作𡖋持事雖夕不休古作㑉亦作㑉

宿 止也本作㝛又一宿爲舍再宿爲信又素也大也又安也守也又星宿言星各止宿住其所也又姓又名宿魁宿齒宿

蓿 苜蓿草名大宛國馬所嗜張騫採歸種之一名光風生劉賓國俗謂之不粟漢書作目宿又萊名

〇

逐 直六切逐者追也豚走而豕追之也又驅也從也疾也強也走也又斥也放也易其欲逐逐篤實也一曰馳貌

軸 持論也車軸也

轂也又卷軸也又衛地名又地有四柱三千六百軸犬牙相牽又鈞軸奩軸又馬軸百足蟲 **柚** 杼柚

織具柚受經者又方言作也土作謂之杼木作謂之柚通作軸 **舳** 船方長爲舳艫一曰船尾又船後曰

舳制水者也 **竹** 張六切竹艸也而冬不死故从倒竹一一曰艸倒種又孤竹國名又員丘帝竹一節爲

船 **竺** 天竺西域國名卽身毒國又姓 **筑** 似箏十三弦以頸築之故謂之筑 **築** 擣也或作篓築

粥 之六切健也本作鬻今俗作粥借此爲賣鬻字粥糜也黃帝始烹穀爲粥周謂之饘宋衛謂之餰又

粥卑謙貌記粥粥若無能也 **祝** 祝祭主贊詞者又祝爲主人饗神之詞又太祝令官名又祝融神名又織

也詩素絲祝之又姓或作僦 **恧** 慙也心挫衂也山之東西自愧曰恧或作忸 **朒** 朔而月在東方

謂之縮朒行太疾也月臣象行疾人臣迫急之徵行遲人臣急政之應亦作朒 **矗** 初六切長直貌又齊

也聳上貌古賦崇山矗矗 ○ **牘** 徒谷切書版也公案也木簡也又樂器笙師掌教春牘應雅牘竹大

五六寸長七尺短者一二尺虛中無底舂者以兩手築地取聲賫醉而出以爲行節从賣从皿非

讀 誦書也讀猶瀆也若四瀆之引水也

犢 牛子也或作獨又禽犢羔犢又博塞有梟盧雉犢爲勝負之采

瀆 溝也又央瀆中瀆也人家出水溝又四瀆江河淮濟或作竇

黷 握持垢也又蒙也濁也慁也又黷貌林木潤黷又污黷枯黷

讟 痛怨也又謗也象衆怨也故从二言

殰 胎敗也通作殰

匵 匱也函也一曰小棺通作櫝玉匱劍匱

獨 犬相得而鬭也羊爲羣犬爲獨又單獨也一曰老而無子又獸名似猨而大食猨猨性羣獨性特猨鳴三獨鳴一又黃獨似羊可食

髑 髑髏頂也或作顕

○**木** 莫卜切木之性上枝旁引一尺下根亦引一尺故於文屮上下均也又木訥質也又木强不柔和貌又析木星次名又若木灰野之山樹名日所出處又影木在瀛洲一葉百影花如列星又龍欲騰翥先階尺木木从木非朩

沐 濯髮也又湯沐邑給齋戒潔清之用涤用湯沐用瀵又青州其浸沂沐又沐猴獸名

又潘沐膏沐薰沐休沐

霂 霡霂小雨霂者霂瀝沾漬如人之沐惟及其上支而已根不濡也霡者膏澤入土如人之脉霂言上霡言下

鶩 野鳧也俗謂之鴨又野鴨曰鳧家鴨曰鶩一云可畜而不能高飛曰鴨野生高飛曰鶩曲禮作匹疏云庶人之贄匹

罞 罞罞思貌謹愿貌一曰猶懞懞也

目 莫六切人目也重童子也一曰默也默而內識也又名目節目節則木理之剛目則木理之精又黃目酒尊名天目山名又龍目又虎目楞木也又兎目槐葉

牧 養牛人也又養也放也使也察也司也食也治也又州長謂之牧取守養之義又姓又牧野又郊外謂之牧

睦 順也一曰敬和也又親也或作育通作穆

繆 謚也繆之為繆借音不借義通作穆

穆 敬也美也又厚也清也又昭穆廟序也又姓漢書作敫通作繆

○塾 殊六切門側之堂曰塾塾者熟也臣朝君至門外更詳熟所應對之事又家有塾仕而老歸教於閭里朝夕坐於門側之室或作闑

孰 本作飪字又誰也又何也

熟 食飪也本作孰隸作孰當

从享从淑深也清湛也善式竹切拾也汝南謂收
享者非淑也又私淑清淑叔芋爲叔又叔苴又季父
曰叔又末世曰叔世菽豆也本作尗菽衆豆之總名
又姓或作村古作村一云藿也菽大豆葉謂之藿
通作倏犬走疾也倏忽也通作儵南海帝名○族昨
叔儵北海帝名忽从犬从攸俗作倏非木
切矢鋒也束之族族也今爲宗族字又世族千木
邦族又四閭爲族又甲族望族茂族又聚也蔟切行
蠶蓐即蠶蔟也又鏃作木切利也今用爲箭鏃字矢
聚也攢也通作簇末也江南謂之箭金山東謂之
箭足或蹴子六切蹢也又蹢踧行平易也詩踧踧周
作鋜也逐也或作蹵道又踧踖行而敬謹
也蹙迫也又促也近也急也或作戚戚顣顣頞顣鼻
速疾戚也又作蹢亦作蹴通作蹴也鼻頭促
貌又不悅之○居六切本作蘜治蘠也又秋華菊
貌通作蹙菊周禮蟈氏焚牡菊灰謂不華者菊
華一名節華又大菊蘧撮也本作鞫窮理罪人也
麥也或作蘜通作蘜掬掬或作鞠本作鞫以言

鞫之也或作簕亦作諊又作告通作鞠又水厓外曰鞫一作阮

𩏷 踘鞠一曰蹴鞠黄帝造以練武士又穿地作蘜室又告也又養又躬也詩鞠躬如也又窮也書自鞠自苦又姓

匊 米在手曰匊又兩手曰匊又一手曰匊又兩手曰曰屈掌曰匊

鵴 秸鵴鳴鳩本作鵴布穀也一作鴶鵴又作拮鵴通作鞠

○

郁 於六切古扶風郁夷也又馥郁香醲也又淑郁醲郁又姓

燠 熱也煖也或作𤎩古作𤆬熝通作奧史周失之舒秦失之急周衰無寒歲秦滅無燠年

澳 隈崖也其內曰澳其外曰隈通作奧

隩 四方土可居也本作墺古作𡊮墺通作奧

彧 有文章也本作𢿘或作𢧤通作郁

熇 呼木切火熱也詩多將熇熇或作歊

○

僕 蒲木切給事者左傳隸臣僕僕臣輿隸僕給勞辱之役者又臣僕又太僕秦官名又附也又僕僕煩猥貌或作僕又令僕又更僕

瀑 飛泉懸水

暴 日乾也當作㬥又顯示也或作麐俗作曝

扑 普木切本作攴小擊亦作撲又作剝詩八月剝棗亦作匪

樸 本作樸詩棫樸木叢生貌

又根株相**卜**卜灼剝龜也卜赴也赴來者之心筮開
附着貌也開筮者之事又與也又枚卜穆卜又
姓○**育**余六切養子使作善也又**鬻**本作責衒也通
養也長也或作毓通作鬻作債又作粥禮
司市以度量成價而**粥**亦作鬻饘**昱**明日也**熤**燿也
徵債又衒鬻又淫鬻粥北秋日光也又光
也或作焴○**轂**古祿切輻所湊也轂徑一尺有奇長
通作昱三尺二寸三分其轂之長二在外一
在內以置其輻當輻之空謂之藪其內大穿謂之賢
共內小穿謂之軹縵轂之革謂之幬又暢轂長轂兵
車之轂也又笠轂兵車無蓋尊者則邊人執笠**谷**泉
依轂而立又華轂丹轂輂轂柴轂又炙轂輠髡出
通川爲谷又水注川曰溪注溪曰谷又谷是兩山間
流水之道一曰窮也又養也又東風謂之谷風又湯
谷嶰谷甘谷金谷鑿谷陵谷**穀**續也百穀之總名又
王官谷又姓當作谷作谷非五穀麻黍稷麥豆九
穀黍稷秫稻麻大小豆大小麥一謂無秫大麥而○
有粱菽又善也祿也又穀城縣名或从米作穀

縠 胡谷切羅縠又縐紗曰縠紡絲而織之又霧縠霞縠方空縠 **斛** 十斗也量者躍於龠合於合登於升聚於斗角於斛或作斛通作觳 **觳** 盛觵卮一曰射具又盡也又觳觫恐懼貌 ○**畜** 許六切田畜也養也又立也又北方謂媚好爲詡畜 **慉** 起也詩不我能慉一云驕也爾雅不訓慉爲驕由養之以至於驕也 **蓄** 勑六切音與傗同積也蓄穀米芻茭蔬菜以爲歲備也詩旨蓄蓄菜也或作稸通作畜易大畜小畜畜田畜也而爲畜聚之畜借音不借義 ○**禿** 他谷切禿無髮也下从人作儿非 **⿰言禿** 詆⿰言禿狡猾也一曰相欺詆 ○**屋** 烏谷切居也室也一曰具也止也周禮夫三爲屋又黃屋車蓋也天子車以黃繒爲蓋又夏屋大俎也又王屋山名又白屋雪屋 ○**哭** 空谷切哀聲也大聲曰哭細聲有涕曰泣 ○**肉** 如六切胾肉偏旁作月俗作肉非又粱肉又漿酒藿肉

汏字

楅蝮輹栿盝摝劚㲉槲鵚涑瘯濮綮虡遂衄棫

二沃

沃

○屬　珠玉切附也類也又隸也親眷也俗作属非又官屬族屬

蜀　郡名即益州地又爾雅山獨者謂之蜀又雞大者謂之蜀雞

歜　盛氣怒也

蠋　蜀葵中蠶詩蜎蜎者蠋一名蚅蚅烏蠋也詩金厄乃接轡中之環形似烏蠋以金為之或作蠾

觸　尺玉切觝也突也犯也汚也又抵也據也古作牰

斸　株木切音與祝同斫也爾雅斫斸謂之定鋤屬也又曰斫謂之鐯钁也說文钁大鉏則斸為小鉏或作鐲

瘃　寒瘍傳瘃墮之患因寒瘃而墮指也一曰手足中寒瘡也

贖　神蜀切音與逐同貿也以財贖罪也又貸也貤取也又賣也古贖罪用銅漢用金後魏用絹

束　書玉切縛也又五疋為束又束帛三玄纁象陰陽又束矢五十矢也又約束要束纛束又姓或作捒

○錄　力玉切金色假借為領錄字一

曰記也采錄也齒也總也收拾也又撿束也又錄囚徒又簿錄天錄鬼錄

綠 帛青黃色一曰東方之間色或作緑又結緑寶玉名蕚緑仙名蛾緑螺黛也荔支緑酒名又采緑緑草也

籙 簏也一曰籍也

騄 騄耳駿馬名通作緑耳

醁 醽醁酒名

淥 水清也一曰水名在湘東又水緑色

○**辱** 耻也又污也惡也僇也古作慼又寵辱

蓐 而蜀切音與肉同陳草更生繁縟也一曰蔟也蔟猶蠶蔟也又薦也以芟蒲爲薦席傳左追蓐軍行在車左者追求草蓐爲臥止之備又作[illegible]

溽 溼暑也溽者濕熱也又恣滋味爲溽溽之言欲也

褥 藉也裀褥也

鄏 郟鄏河南地

縟 繁采色也又細也又典縟

○**毒** 徒沃切音與牘同痛也害也苦也憎也又役也治也易以此毒天下古作𠞩董毒酖毒很毒荼毒

纛 羽葆幢也天子黃屋左纛又皁纛軍中大旗

篤 冬毒切馬行頓遲也困也又厚也本作竺假借作篤也

督 察也又率也勸也正也又責也催趨也一曰目痛也又中也中央爲督

毒 身毒外域

國名一名天篤又亭毒化育之意亭謂品其形毒謂成其質

○**慾** 情所好也嗜慾也婬也通作欲

欲 余蜀切貪欲欲之言續也貪而不已愛也願也通作慾

浴 洒身也或作[illegible]

玉 魚欲切玉石之又有五德本作王王中畫近上玉三畫勻也古作丢又屬玉鳥似鵁鶄漢有屬玉觀又尺玉片玉飡玉炊玉又歎玉馬

獄 犴獄所以繫囚也又岸獄鄉亭之繫曰岸官府曰獄又爭罪曰獄古作獄又典獄書獄[illegible]獄

○**燭** 之欲切蠟炬也照也明也亦作爥燭燈也又地燭庭燎也宵燭螢火也玉燭四時和也南燭藥名道家謂之青精飯

屬 連也著也續也付也託也足也會也又恭貌洞洞屬屬又屬民讀法屬猶合也聚也又屬文綴緝之也又屬日注目也又甲札之數荀子衣三屬之甲又纚屬胤屬

矚 視之甚也駭矚遙矚電矚

矚 照也文粹戎鏡包陽當日而矚之則能延燧與火或作爥通作燭

○**告** 古沃切音與穀同啓告告也語也示也又嘉告忠告

梏 手械也今之杻也兩手共一木杻謂之梏械謂

之極又亂胡沃切水鳥黃鵠又乾鵠知來而不知
也梏亡也**鵠**往郎乾鵲也又侯鵠十尺侯四尺鵠二
尺正四寸質鵠者取名鳱鵠苦沃切音與哭同酒
小鳥難中也又單鵠隱鵠**酷**味厚也極也敎令窮
極也虐也慘也又香氣醲冽一曰甚渠玉切音
也自河以北謂穀熟爲酷一作秙○**局**與鞠同促
也一曰博所以行棊博局外有垠咢周限可用故謂
人材爲幹局又曹局又部分曰局拘也又匝也又芸
局玉局體局跧跼不伸也又俛也曲也通拘玉
拳局曲局**跼**作局又曲局鬈髮貌一作鬈**挶**切音
與絇同本作輂直轅車也一曰載似足切風俗
物之車又土轝也左傳陳畚挶○**俗**上所化曰風
下所習曰俗雅連也繼也似續相玉切嘉穀實
俗殊俗偶俗**續**鋈續亦作賡**粟**也本作𥻆粟之
爲言續也粟爲吁玉切日旦出貌日始出大昕
陸種之首又姓○**旭**時明著之名一曰旭旭驕蹇貌
通作勉也勉其事頭項項謹貌一曰顓項帝
項**勗**冐犯而爲之**項**高陽之號以水德王天下○

促七玉切迫也近也速也至也短也蹙也催也又局促蹴小貌或作戚亦作趣又作趨祭義趨趨以數數細也庶人不數罟窖也趗趚趗小步古賦狹三皇之趚趗○曲丘玉切音與麯同不直也又委曲又鄉里曰鄉曲懷抱曰心曲又部曲又詞曲又姓苖蠶薄也又宋衛之間謂箔爲蘧苖通作曲月令具曲植史周勃織薄曲爲生○僕蒲沃切僮僕與屋韻音義同幞逢玉切音與伏同帕也一曰裳削幅或作襆史襆被而出亦作纀又幞頭周武帝所製梁高祖始布漆于紗施鐵爲脚○襮逋沃切音與卜同黼領刺爲斧也本作襮詩素衣朱襮不否爵也○沃烏酷切音與屋同漑灌也本作洪又沃沃沃然潤澤也又曲沃晉地又啓沃膏沃又姓鋈白金也詩鋈續鋈錞以鐵爲質以他金灌沃其外共名爲鋈今人以錫灌於鐵器古所謂鋈鏉○熇呼酷切音與穀同義與屋同用足卽玉切音與蹙同趾足也又滿也止也又鼎足重足肘足

汰字

毇嚳牿樺襡𥜿藚丁

三覺

覺

○琢治玉也追琢雕琢　啄鳥食也或作蠋通作啅又剝啄　卓高也又姓又錫卓卓卓錐古作𠦝

踔特止也卓立也漢書踔絶之行　涿流下滴也又涿鹿山名又上谷涿郡　斵竹角切斫也斤以斵之本作斲郢斵樸斵又礶斵又執斲木匠也通作椓或作斵亦作剢　斸劚也斫也又小鉏　諑責也諟也又訴也讚也又巧諑謠諑

椓擊也一曰摘也詩天天是椓注謂農時而役厚斂其財猶椓使破壞然或作𣪠豛通作涿禮壺涿氏壺瓬鼓也涿擊也

倬著大也倬然高明也　濁直角切音與浞同水出齊郡厲嬀山人鉅定又不淸也濁漬也

濯澣也又大也詩濯濯厥靈又光澤貌通作淖　鐲鉦也

禮鼓人以金鐲節鼓形如小鐘軍行鳴之以爲鼓節**踔**勑角切跳踔不常也韓文汗瀾卓踔莊子跉踔

而行**逴**遠也楚辭春秋逴逴**浞**濡也又寒浞讒人也**灂**瀺灂水小聲也又周禮弓人冰析灂**捉**

側角切搤也一曰握也搦也又捕也又唐兵戍邊者大曰軍小曰守捉〇**覺**古岳切寤也一曰發

也曉也明也知也又大也又高大也古作䀰賋作斍非又緣覺空覺**角**獸角也芒也競也觸也又校也

又星名東方蒼龍角宿十二度又酒器受四升又大角軍器又角觝戲名又角羈夾囟曰角午達曰羈又

風角星占角隅也觀四隅之風占之又掎角又雀角蝸角麟角**桷**榱也椽方曰桷桷确堅而直也淮南

子曲木不可以爲桷**榷**水上橫木所以渡者又榷酤謂禁民酤如道路設木爲榷獨取利也**較**本作

較車耳也重較兩輢上出軾者較在軾上若兩較然故云重較輢是兩旁植木較橫輢上輢兩而較一又

大較猶大略也又獵較又較然甚明**珏**雙玉曰珏或作瑴**㱿**苦角切從上擊下也一曰素也皮甲

也或作殼龜殼蝸殼卵孚也鳥卵也鵠謹也善
又蚶殼龍殼荔枝名㲉鷇㲉鷇鷇或作鷇鷇慤也愿也
誠也或作確堅也新固也埆地不平又磽○握於角
慤通作殼或作塙碻埆瘠薄也切搤
持也持五指也在外爲持在內爲雞聲也一曰
握又吐握掌握把握又朴握兔也喔喔咿強笑貌幄
幬也大帷又云覆帳謂之幄又在上曰帟四旁及渥
上曰帷上下四方悉周曰幄又虎幄或作楃屋
霑也洽也潤也澤也詩顏如渥丹厚○嶽五角切山
漬貌又優渥殊渥又形渥𣻌汗也嶽高而尊者
嶽東岱南霍西華北恒中泰室又嶽嶽長角貌鸑
通作岳又姓又泰山有丈人峰故呼婦翁爲嶽鷟鸑鷟
鳳屬神樂五聲八音總名又廣○學胡覺切本作斅
鳥也樂雅樂備樂又姓覺悟也受教傳
業曰學又學校庠序總确磽确韓詩山石鷽鳥白肥
名又樸學宦學耳學犖确行徑徼澤貌或
作鶴亦北角切裂也刻割也落也削也傷火
作䧿○剝害也又褫也脫也又卦名或作𠚫爆聲

駁馬色不純詩皇駁其馬易乾爲駁馬又騎駁又鵲一名飛駁通作駁〇朔所角切月一日始蘇也又初也又盡也萬物盡於此蘇而復生又北方也又朔方曰幽都又三朔夏以半明殷以鷄鳴周以夜半古作朔又龍荒幕朔數疾也頻數也又屢也矟以矛屬矛丈八者謂之矟或作槊又握槊博簺也韓文碁槊以相娛碁爲子槊爲局一曰碁圍碁也奕也槊握槊也博也即今雙陸也或作鎙〇朴本作樸木素也土曰坏木曰朴又質也史斲彫爲朴又漉淳散朴又厚朴木皮璞疋角切玉素也玉璞玉未琢也或作玗又鼠璞鄭人謂玉未理者璞周人謂鼠未腊者璞周人懷璞遇鄭賈曰欲買璞乎出示之乃鼠也〇邈莫角切邈邈悶也一曰遠也渺也通作藐又懸邈緬邈綿邈綿邈齪測角切開孔具又齷齪迫也急促局陿貌或作齱史握齱好苛禮亦作踀史委瑣握踀又作促〇雹蒲角切雨氺也陰氣脅陽爲雹凡雹皆冬之愆陽夏之伏陰雪六出成華雹三出、成獸古作霝

汰字

轂橲樵蔪劊欶椓駮骲瓝㩧鰒劇鷽

四質 一選

質○必 思吉切分極也又審也然也又專也又組也考工記天子圭中必 蹕 止行人也本作趩漢書出警入蹕皇帝輦動左右侍帷幄者稱警出殿則傳蹕淸道一曰竈上祭名或作僤通作譁 畢 終也竟也了也盡也一曰貫牲體木狀如又主人舉肉之時以畢助之喪祭用桑吉用棘又佔畢佔視也畢簡也又天畢星名又姓 篳 藩落也傳篳門圭竇一曰織荊門也或作蓽 觱 本作𧄼今之觱栗也羌人所吹角以驚馬亦作篳篥又觱發風寒也 駜 眂必切馬飽也詩駜彼乘黃肥彊貌或作怭 飶 食之香也詩有飶其香 苾 馨香也詩苾苾芬芬或作馝馝通作咇選馳蔘咇茀皆芳香意 佖 有威儀也

詩威儀佖佖佖通作怭**弼**薄密切輔也重也亦作弼或作拂又弼所以輔正弓弩者又承弼良弼**佛**

佛佹勇壯詩佛時仔肩**筆**鄙密切所以書也楚謂之聿吳謂之不律燕謂之弗秦謂之筆又述也謂

述事而言或作笔又簮筆珥筆○**逸**夷質切失也从兔兔謾訑善逃也又縱也奔也又隱也遁也通

作佚亦作劮又酒逸魚鳥逸**佚**佚民也安佚不勞也通作逸**佾**舞行列也行數人數縱橫皆同

古作⿰彳⿱八月通作溢**軼**車相出也一曰侵軼過也又突也從後出前又超軼絶塵**溢**器滿也一曰米二十

四分升之一也禮朝一溢米又兩手曰掬一手曰溢或作洫通作軼**鎰**二十四兩爲鎰通作溢又二十

兩曰鎰數登于十則滿又益倍之爲溢**詰**去吉切問也又責讓也又治也又平旦曰詰朝**一**於悉

切一者天地之未分數之始也又同也少也初也均也又太一天地未分混沌之元氣一曰天之貴神又

天一星在紫垣端門左位又尺一部書也又抱一畫一古作弌通作壹**壹**專一也又合也誠也醇也

又閉塞也又寧壹

乙
於筆切象春艸木屈曲而出陰氣尚強其出乙乙也又未展也一曰乙承甲象人頸也又太歲在乙曰旃蒙月在乙曰橋又魚乙魚腸也又鰫魚有骨曰乙又虎乙虎威也又燕乙又鴻飛天首越人以爲鳦楚人以爲乙人自楚越鴻常一耳

○質
之日切以物相贅實也朴也主也信也正也謹也形也又考也驗也證也又成也又委質猶委身也又質地也所以施文采也又射侯曰質又謚法忠正無邪曰質又馬質質平也

騭
牡馬也又借訓定也書陰騭下民又陞也會衛之間謂陞曰騭又駁馬也成也亦定之義

桎
足械桎之言躓也躓凝之也又室也

咥
笑也或作歎

秩
直一切音與實同積也又秩秩有敘之貌又次也常也又序也職也官也整也又秩秩智思深長也又清也或作袟又平秩望秩

帙
書衣也又書帙又次序也或作袠又緗帙

姪
兄弟之子曰姪

○慄
力質切懼也竦縮也又哀愴意又懰慄僇通作栗

栗
本作㮚味鹹北方果又栗駭栗房秋鏵實躍如爆又栗玉

黃玉也戰栗敬謹也又顫栗嘉栗穀初熟爲栗不秕也又䴕栗牛角觺栗龜茲國樂又股栗汗栗又栗栗聚也又姓

溧寒貌溧冽寒風通作栗

飃風雨暴疾也

篥觱篥胡人吹葭管也一名悲篥一名笳管

○疾秦悉切病也一曰急也患也惡也

嫉妎也本作㑵害賢曰嫉或作愱通作疾

蒺蒺蔾藥名

唧資悉切啾唧衆聲鬧猥也又蟲聲

堲疾也書朕堲讒說一曰燒土也禮堲周一曰燭燼爲堲右手折堲是也或作即

○蜜彌畢切蜜蠭甘飴也本作蠠北地蠑多在土中故多土蜜南地濕多在木中故多木蜜从宓作蜜非

謐靜語也一曰無聲也安也

沕塵濁也又潛藏也古賦宓深潛以自珍

密美畢切山脊也山如堂者一曰靜也又近也秘也又稠也又縝密綿密麗密華密蒙密冥密或作峃作宓非

○吉居質切善也吉者凶之反又休祥也又朔日也又州名又姓从士从口俗作吉非

拮拮据手病擷揭也

姞極乙切黃帝之後伯鯀姓后稷之元妃一曰謹也或作吉尹氏

姞氏亦佶正也詩既○窒陟栗切塞也挃穫禾聲也
作郅佶且閑傳窒隙蹈瑕詩穫之挃
挃或作銍穫禾短鎌也禾穗謂之穎截穎謂之銍一
秷稺銍日銍刈謂禾穗書一百里納銍或作鋕○
失式質切縱也錯也室宝屋皆从至所止也室實也
遺也過也亡失也室人物實滿其中也又北方宿
营室十六度又玉室石室緹實神質切富也誠也滿
室蠱室又太室少室山名也實虛之對物成實
也又充也是也又驗也或作○日人質切實也太陽
寔古作宲又萍實竹實琇實之精不虧又日往
日也又曰巽日亦曰日日日所常衣又馹驛傳
者又曆官亦曰日者衵女人近身衣也○
悉詳盡也又諳膝息七切脛頭卩也本作厀○七親
究也知也又鶴膝楯名蠶膝馬名七吉
切數也少漆木汁可以染物本作桼通作○暱尼質
陽數火數榛又漆沮二水又姓古作[illegible]切日
日相近也或尼女乙切音與暱匹譬吉切四丈也布
作昵又近也同止也又定也帛廣二尺二寸為

幅長四丈爲匹又匹偶也又記也合也二也又匹儔二人爲匹四人爲儔又馬四足爲匹又匹夫匹婦或作疋

四質二選

○律呂䘏切十二律均布節氣故有六律六均律以銓銅爲之長八寸空圍九分又玉律竹律又律法也所以銓量輕重又常也謂可常行又述也又理髮曰律今秦俗以批髮爲栗又詩律格律紀律又崒嵂山高峻綷以竹爲索所以維持舟者本作繂率又步戍切約數也又貌通作律　綷以竹爲索所以維持舟者本作繂　率又表的也又藻率以韋爲之以藉玉王五采公侯伯三采男二采記士練帶率下辟又彀率率之正體○䵸律丑切音與黜同貶下也或怵恐也怵惕悚懼絀作律切音與黜同貶下也或作詘亦作出通作絀怵也又悽愴也　絀縫也又縫絀亦縫紩之別名又秋赤律切音與黜同進也秋絀秋縫言女功紩縷麤也出見也遠也又出入也吐

也寫也斥也生也又姊妹之子為出○**鷸**餘律切知天將雨鳥也知天文者冠鷸冠禮圖謂之術氏冠又聚鷸又鷸蚌**遹**回辟也又回遹回邪遹辟一曰述也又自也遵也**聿**詮詞本作欥詮理也理其事之詞也一曰發聲又遂也一曰語助又惟也○**崒**昨律切崒者厜㕒山高也或作崪又嵂崒崷崒**踤**蹋也足蹵之也又觸也**卒**即聿切盡也終也既也○**術**食聿切音與遂同邑中道又心術技術又道業也**述**循也著述也脩也纘也譔也凡終人之事纂人之言皆曰述記知天者冠述知地者履絇通天冠前有山展箭為述通作術**秫**稷之黏者穤也又丹秫赤粟也○**恤**辛聿切憂也收也振貧老曰恤又恤恤憂患也又愍也或作卹**戌**滅也九月陽氣微萬物畢成陽下入地戌含一也又太歲在戌曰閹茂○**率**所律切捕鳥畢也一曰領也從也自也將也用也行也募也遵也循也率先也又皆也又大略也率者總計之意古作䢦通作帥又坦率真率**帥**佩巾也今借為將帥

字凡稱士兵者爲將帥皆去聲言領兵帥師則入聲或作蛻又姓　○橘 居律切橘生江南踰淮爲枳又盧橘九月結實正赤明年二月更青黑　○术 直律切音與逐同山薊也本作茉通作蒁鳳芝之龍术

四質 三選

○櫛 阻瑟切梳比總名也或作楖櫛風沐雨又巾櫛玉櫛盥櫛　𥢷 拂櫛禾重生拂音弼或作秵　○蝨 所櫛切蟣蝨湯沐具而蚤蝨相弔或作虱莊濡需者豕蝨也　瑟 庖犧氏所作弦樂也大瑟謂之灑又雅瑟頌瑟又瑟彼柞棫衆貌瑟彼玉瓚玉鮮潔貌又瑟僩色矜莊貌

汰字

獝繘潏驈珌畢饆滭鑕礩蛭郅庢蓽蛣抶泌蟀蔤鳦

肸鴪㠥瑟

五物

物

〇拂分勿切過擊也去也拭也除也又披拂題拂又蠅拂艴色怒也弗弗者違也又不可也不然也又飄風弗弗小風也一作颰紱綬也印組也或作紼通作紼亦作韍赤紱繡紱黻黑與青相次畫兩已相背形爲亞取臣民背惡向善亦取君臣有合離之義去就之理或作黻祓除惡祭也祓之爲言拂也除災求福又潔也又除也或作祓弗沸滭沸也泉出貌茀道多草不可行又茀離草木翳薈也一曰草盛曰茀茀治草亦謂之茀又強盛貌詩臨衝茀茀又翟茀蔽也又簟茀又芬茀香貌髴髣髴若似也或作彷彿亦作仿佛猶梗槩也又作放悲又作方弗綍引車索又引柩索在棺曰綍行道曰引至壙將窆又曰綍通作紼亦作茀又綸綍佛符勿切見不諟也諟諦也又大也詩佛時仔肩

大是肩任也又西方神名禮獻鳥者佛其首謂其喙害人爲小竹籠冒之

佛 鬱也或作弗亦作茀又作沸

韍 鞸也本作市以韋爲之所以蔽膝或作韠通作芾冕服謂之韍他服謂之鞸亦通作黻又作紱又朱韍赤韍

○**迄** 許訖切至也或作訖亦作儀

汔 水涸也一曰泣下又幾也

訖 居乞切止也一曰言所止也終也了也

吃 言蹇難也或作刉口不便言

屹 魚乞切屹崪山貌或作仡

仡 勇壯也書仡仡勇夫

疑 正立自定貌疑立立不動也

乞 去訖切取也本作气乞盟乞師乞言又寒乞行乞又云乞氣也因音借爲與人之乞音氣因與人之義借爲求人之乞此因借而借也

○**欝** 紆物切音與或同本作鬱森欝一曰幽也又滯也又欝欝蔥蔥佳氣也又棣屬詩六月食欝又壹欝佛欝紆欝伊欝弟欝漚欝翳欝又鳥欝茭中心罨黜又欝邑

菀 茂也通作欝蔚

熨 持火展繒也一曰火斗

尉 尉繚子又姓

蔚 草名充蔚一冂牡蒿又蔚州又文蔚霞蔚幽蔚

○**屈** 充勿切音與[illegible]

同無尾也本作屈竭也又地名出良
馬傳屈產之乘又太屈弓名又姓
厥 九勿切其也
韓詩外傳人
主之疾二十其一曰厥厥無使
小民飢寒則厥不作又姓
剮 剖剮也[illegible]勿切
刀亦作剭 崛山短而
高也又勃起曰崛搰 文弗切萬物也牛爲大
起或作崫通作掘 掘也 ○物 物天物之數起於牽牛
故从牛又事 沕 沕穆深微貌又不分 勿 勿州里所建
也又相度也 明貌古賦軋沕荒忽 旗象其柄有
三斿雜帛幅半異所以趣民故冗遽稱勿勿或作𢴡
通作物一曰勿莫也勿勿者禁止之詞又毋也又勿勿
猶勉勉也 ○屈 同曲也請也又鬱也軋也或作絀
慤愛貌 通作詘又詰屈蠖屈又鬱屈蛇也 詘
詰詘也又屈襞又辭塞也
又充詘喜失節貌或作誳

汱字

岉剻汥罻肸歘

六月　一選

月〇**月** 魚厥切月闕也太陰之精一名夜光月御曰望舒亦曰纖阿道書名曰結隣其魄象蟾兎又明月珠名海蚌食月光而生故名又寶名海月生海中大如鏡月色又端月正月也暢月十月也又曰良月提月晦日也玄月荼也 **軏** 車轅端持衡者本作軏 **越** 玉伐切音與月同度也本作戉一曰墜也隕越又於也又遠也走也逾也曰也發揚也又發語辭與爰同又於越國名百越南蠻總名又白越越布葛越草布又隕越發越又檀越通作粵字从戉不从戌 **鉞** 大斧也本作戉夏執玄戉殷執白戚周左杖黃鉞右把白旄詩戚揚戚斧揚鉞鉞大而斧小大柯斧重八斤一名天鉞東井西曲星曰鉞 **樾** 樹陰也或作⿰木粤又槐爲街樾又清樾 **粵** 審慎之詞凡言粵者皆在事端句首駐其言以審思之或作⿰口粤通作曰亦通作越 **曰** 詞也於也之也語也謂也稱也本作曰上有闕與日不同〇**筏** 房越切海中大

船大曰筏小曰桴又箄謂之筏編竹木浮河以運物南土名箄北土名筏或作橃栰

伐 擊也一曰敗也亦所也征也有鐘鼓曰侵無曰伐苞人民毆牛馬曰侵斬樹木壞宮室曰伐又四伐一擊一刺爲一伐或作傠又耛廣五寸爲伐又矜伐又積功曰伐

閥 閥閱功狀又曰自序也明其等曰閥積其功曰閱又門在左曰閥在右曰閱通作伐

罰 罪之小者罔言爲詈刀詈爲罰

髮 方伐切頭毛也不毛之地謂之窮髮又宣髮黑白雜又皓落曰宣又壯髮額前侵下而生又石髮水苔或作鬋古作須

發 射十二矢爲一發猶今言箭一放兩放也又四矢爲一發又起也又舒也明也舉也闋也揚也又興也又寒氣曰觱發又曆法春夏曰發秋冬曰斂又遣也又啓行也又明發又騶發鎛發英發

○**厥** 居月切發石也荀子和之璧井里之厥也又其也短也又憤厥氣疾又貽厥古作昏氒

蹶 偊也一曰跳也失脚也又走也速也嘉也又以手張弩曰擘張以足蹋曰蹶張或作𨇾亦作蹷又拔也

蕨 鼈也初生無葉可食

似鼈脚周秦曰蕨齊魯曰鼈一曰薇也 劂 剞劂曲刀刻鏤刀也亦作剧 橛 其月切杙也門梱也

爾雅樴謂之杙橛也蓋直一段之木其初謂之橛杙樴及其入用各因隨所在爲名在地謂之臬臬門限

也大者謂之拱長者謂之閣又稻橛又車鉤心亦謂之橛或作撅又衛橛株橛 掘 穿也易掘地爲臼或

作闕左傳闕地及泉亦作撅又作鈯拙又作扣 ○竭 其謁切盡也一曰負舉也竭猶負戴也 碣

特立之石碣高舉之貌碣石海中山或作嵑碣石本山名今爲碑碣字方者謂之碑圓者謂之碣 揭

擔也擔揭物也或作撊 ○訐 居謁切面相斥罪告訐也攻發人陰私也 揭 高舉也或作撳 羯

羊羖犗也又羯室地名匈奴別部居之 ○韈 望發切足衣也本作韤或作襪又三代謂之角韈前

後兩隻相承中心繫帶又淩波韈又上履韈張釋之結韈 ○謁 於歇切白也請也告也訪也請見也

史謁歸謂請歸上謁若今通名也 ○歇 許竭切息也一曰气越泄又休也消散也又竭也 ○

闕去月切門觀也中央闕而爲道故謂之闕又人臣至此則思其所闕以其縣法謂之象魏使民觀之因謂之觀兩觀雙植中不爲門又宮門寢門冢門皆曰闕又失也過也不供也又不恭也空也虛也又空宮曰選闕又游車補闕者曰游闕又巨闕貝闕又姓

六月 二選

○兀五忽切高而上平也又兀兀不動貌或作㧊又刖足曰兀兀又突兀 扤動也動搖貌 矹硉矹石崖又崒矹嶢兀矹 屼山名五屼在犍爲又禿山貌 杌樹無枝也或作柮一曰檮杌頑凶無儔匹之名又楚史記名 卼危也卼䠒不安也或作仉又作倪仉亦作凱䠒亦通作臬兀通作杌書邦之杌隉 ○勃蒲没切排也勃然興起有所排擠也卒也勃𠜹卒旋放之貌或作敎又馬勃蓬勃 孛色惡也一曰彗星謂之孛妨蔽闇亂不明之貌通作茀 浡浡然興作貌又浡浡氣盛貌通作勃敎

艴盛氣色也或作䒳亦作佛通作勃

悖亂也本作誖言亂又逆也或作勃亦作哱又作𡍮上下反惑相惑故爲悖也通作茀

渤渤澥海名或作潡通作勃敎

○崒昨没切崒兀山危峻貌亦作崪

捽持頭髮也手持也

窣蘇骨切勃窣行貌別作骨勃骨

猝倉没切犬暴出逐人也今人言猝暴暴疾也通作卒又倉猝

卒臧没切隸人結事者南楚東海之間或謂卒爲頳言其衣赤又四兩爲卒百人也別作倅

○骨古忽切肉之覈也覈核也一曰獨也旅而無反風骨肉骨

汩治也一曰水聲又汨没也通作淈

滑亂也又滑稽詼諧也或作搰通作淈又通作汩

○忽呼骨切忘也滅也倏忽也又輕也又一蠶爲一忽十忽爲一絲忽蜘蛛網通作曶芴又杪忽荒忽儵忽超忽

笏古笏佩之釋名笏忽也有事記其上以備忽忘也通作曶臣見君所秉書思對命者也君亦有焉

惚恍惚失意一作恍惚通作曶芴又□忽荒忽

○咄當没切相謂也一曰呵也咄嗟咨語也又咄咄驚怪聲也

柮斷也榾柮短木○突陀骨切犬從穴中暫出也一曰滑也又竈突囪也突不得黔又曲突徙薪又騂突惡馬也又鯨突唐突排突飄突鶻突淩突揬搪揬觸也通作突○沒莫勃切沈也又盡也爾雅亹沒勉也黽勉也又沒沒沈滅之名又乾沒隨勢沈浮得利爲乾失利爲沒又陽浮慕爲乾心內不合爲沒本作叟歿終也本作歾通作沒○窟苦骨切本作窟兔窟也亦作堀又月窟月所生也一作嵧史西厥月峭又理窟玄窟乳窟矻石勞也矻矻勞極也○齕下沒切齧也齮齕猶齰齧也核果中實本作榾又作厥○訥內骨切謇訥言難也或作吶亦作詘

汰字

刖刖垈帥鷢蟨猲瑒橛蟩钀愲淈馞腯硉崫搰淈欻

紇稡

七曷　一選

○括古活切絜也本作桰一曰撿也結也至也包括也又囊括省括肅括聒讙語也聲擾也又聒聒無知貌難告貌又多言亂人之意又薰聒佸會也又會計曰佸佸又佸佸力貌活流聲也或作𣶒亦作濊詩其流活活栝檃也又揉曲者曰檃正方者曰栝

○曷胡葛也何也語詞也盍也或作害毼氈毼罽也褐編枲韈也一曰𧞻衣毛布也以毳織之若今馬衣又短褐裋褐喝訶也本作歇一曰喉喝怒聲或作嗑又揮喝虛喝磨喝

○撥北末切治也理也絕也除也振開也又轉之也又發揚貌又牙撥龍香撥鐵撥皆言琵琶紫吃撥馬名又八耕一撥發土也襏襏襫蓑雨衣也一曰三尺衣也劉禹錫德政碑烝徒讙呼奪襏而舞潑普活切棄水也又澆潑注曰撓散曰潑鉢本作盋食器也又玉鉢衣鉢鉢甁鉢又擊鉢賦詩又優鉢曇花

○抹抹摋滅也摩也又塗抹亂曰塗長曰抹

秣食馬穀也本作䬴又詩摧之秣之明王所乘水
有事予之穀又秣秣陵郡名無事委之以莖沬出
蜀西南徼外東南入于江又水○遏烏葛切微止也
沫又洬沫又已也又排沫馬銜以逆相止爲遏
遮也絕也止也遮壅也又攡閼天閼鼻莖也
通作曷亦作按閼又閼與地名或作堨頞或作齃○
通徒括切手持佳失之也言見消肉臞也一曰壞
奪奪也本作奪攘取也亦作敚脫斷又物自解也又
脫重勞○活戶括切一曰草也大路越越席剪蒲爲
勦也生也不死也越席也又葛越葛葛藟越
蕉葶黃草之蠶又瑟下孔也疏越瑟兩頭有孔疏○
通之使兩頭孔相連孔小則聲急孔大則聲遲
豁呼括切本作䜛通谷也濊䧌流也詩○掇丁括切
又疏通也又軒豁呀豁施罛濊濊拾取也
捋也又鵽咄呵○葛古達切絺綌草瓜葛皆延蔓相
掇蝨名也及故蜀之綿遠者取譬瓜葛又
布名卉服草服莖葛一名雞齊又名鹿藿又名黃斤
又食葛花藤可醒酒又寄生葛一名苑童又野葛毒

草又國名又姓**割**剝也斷也截也害也又肆解肉也又牛割袒割○**捋**郎活切取易也又取也奪也以指歷取也**撮**子括切四圭也六十四黍爲圭四圭爲撮卒也謂暫卒取之也又蹙聚而揃取之也又織撮之撮亦作襊○**渴**苦曷切欲飲也本作㵣

七曷　二選

○**跋**跋躠行貌一曰草行曰跋水行曰涉又不由蹊隧而行曰跋涉又燭炧本曰跋又跋扈**魃**蒲撥切旱鬼也或作妭女妭禿無髮所居處天不雨**鈸**鈴屬鈴鈸又銅鈸**拔**回也又抽也擢也攻而舉之又疾也**犮**走犬貌禮有赤犮氏猶言拂拔也掌蟲豸自埋者若蠹及蝸之屬**茇**舍也本作犮草木根也草舍也禮夏官教茇舍軍有草止之法又茇苦草名通作拔**軷**出將有事於道必先告其神立壇四通樹茅以依神爲軷旣祭軷轢於牲而行爲範軷○**怛**當割切憯也悲慘也驚也懼也

又恨也又怛悼也撻書撻以記之打撻也擊也扶也
或作怛亦作撣撻或作敹古作遽又餓撻鄉飲酒
不敬撻闥他達切門也又門內漢號禁門曰黃闥又
其背闥宮中小門曰闥又曰門屛間又紫闥飛闥
拼闥从羊汏過也濇淅刺郎葛切戾也刺乖違者
大作幸非汏也或作汏○刺莫若刀魚跳蹙刺亦不
順之名又舛午膠戾乖刺又刺謬辢辛味江南曰辢
又僻也又睢刺喻禍亂又藜刺辢中國曰辛俗作
辢又糲脫粟也本作糲一斛粟舂七斗米爲糲又
芳辢糲糲米之率糲十粺九鑿八侍御七或作糲○
蔡桑葛切本作𥻿糝蔡散之也又法也一躠跋躠行
蔡曰放也言放之若散米或作摖俗作撒躠不正貌
本作躃通作達唐割切行不相遇也一曰通也又
殺亦作蹵殺○達迭也又生也又決也爾雅一達謂
之道路二達謂之歧旁三達謂之劇旁四達謂之衢
五達謂之康六達謂之莊七達謂之劇驂八達謂之
崇期九達謂之逵十達曰馗言似龜背曰馗又
從水入水曰達又州名又任達特達或作达○韃

烏括切蠡柄也又輅車輪幹也轉也旋也運也

汰字

薘獺奪笪适鴰劊毼轕濊鞨猲笪餲枿嶭薩鱍撥

八黠

黠○軋烏黠切車碾也匈奴傳有罪小者軋大者死謂輾轉轢其骨節若今之厭踝也又勢相傾也又軮軋一作坱圠又鳴軋填軋磨軋鴉軋　揠拔也東齊海岱之間謂拔曰揠又拔心曰揠或作扎　乙乙燕燕玄鳥也齊魯謂之乙取其名自呼象形也或作鳦又乙乙難出之貌　○戛古黠切戟也長矛也一曰轢之也書曰戛擊禮也常也書不率大戛又猶楷也言爲楷模之常又戛戛齟齬貌或作拮拮隔擊考也亦作揳本作戛俗作戞又摩戛嘐戛　秸禾稾去其皮祭天以爲席本作稭或作秸亦作藍通

作戛書三百里秸服 頡 羨頡漢侯名又減剋也拚除也 ○猾 戶八切亂也狡猾也又黠惡也或作

獪 滑 利也達也又地名又姓又泥滑滑即蜀中雞頭鶻 ○殺 所八切戮也或作煞古作散敎

數布皺敡亦作綱 鎩 長矛謂之鎩一曰鈹有鐔又羽傷也鎩翮或作煞 ○札 側八切牒也亦

木牘也櫛也編之如櫛齒相比也又犀札甲也玉札藥名又夭札夭死曰札 ○拔 蒲八切擢也挺

也攻而舉之也或作扷 ○黠 胡八切堅黑也一曰慧也 ○八 博拔切別也象分別相背之形

少陰數木數也 ○唶 烏八切飲聲韓詩嗷姦何嘰唶嗷齾聲 ○妠 本作姶妠姶小兒肥貌韓

詩巴䀇收姶妠 ○察 初八切覆審也祭祀必質明明察也故从祭監察也諦也知也至也審也考也

省也廉視也又察察靜潔貌又過詳貌通作詧 ○茁 鄒滑切草初生地貌又茁壯又蘭茁 ○剎

初轄切音與察同柱也又僧寺梵云剎瑟此云竿即幡柱也沙門得法者便當建幡告四遠 ○䁟

許轄切月盲也○獺他轄切見曷韻○刮古刹切掊把也一曰摩切又括劀或作捖捖摩之工謂玉丁也○刷數刮切刮也篦謂之刷掃也拭也清之也又根刷尋究也具也○撒悉剎切撒驢又駐輂國以珠撒骰○轄胡瞎切音與鎋同本作舝車軸端鍵也無事則脫行則設之又車聲也亦作鎋論語五經之轄轄以冐轂轄以鍵輪○劼慎也劼毖也又固也勤也

汰字

札鬜刮朳豽圠猰榝磍圔齾哳刖

九屑

屑

○纈胡結切繫也謂繫繒染爲文也結纈以衣衽扱也又文繒又紫纈魚子纈又點纈襭物謂之襭扱衣上衽於帶謂之襭又云頡直項也又頡頏飛而執衽謂之袺扱衽謂之襭頡上曰頡飛而下曰頏

揑捋取也 涅奴結切黑土在水中也一名水名出束部从水从曰从上俗作涅非 捏搦也握捻

也捻聚也 齧五結切噬也又蹄齧又齧雪 隉危也杌隉不安也或作卼卼卼又作兀卼又作瓬卼

亦作摯又作埶倪通作臬 臬射之高下準的又法也或作槷亦作槸 嵲嵽嵲山高或作嶭亦作峴

嵽通作霓賦直嵽霓以高居又作巢置巢巀巢 闑門中橛為闑記君入門介拂闑門中所豎短木也通

作臬爾雅在牆曰楎在地曰闑 蠥本作蠥衣服歌謠之怪謂之祅禽獸蟲蝗之怪謂之蠥或作孽通作

孽 孽庶子也本作孽妾隸之子曰孽孽之言蘖也有罪之女沒入為妾有所生子若木既伐而生枿

又孽孽盛飾貌通作孽 蘖木餘也所木餘亦作櫱又作枿木 ○結古屑切締也或作紒又結

襭結綴結草又結納縕結又香有生結熟結 潔清也或作洯通作絜又玉潔白雲潔雅潔 絜麻一

耑也又絜矩絜猶挈也从糸从手从刀俗从力从刃並誤 鍥鎌也刈鉤自關而西或謂之鎌或謂之鉤

或謂之鍥或作鏍鐣亦作鍥　**孑** 居列切無右臂也一曰單也健也又餘也又孑然孤獨貌又孑孑干旌起貌　**桀** 桀桀秀也詩維莠桀桀　**揭** 舉也又長貌詩葭菼揭揭又顛沛之揭蹶貌又見根貌

偈 用力貌又疾也　**訐** 面相斥罪又攻發人陰私　**傑** 渠列切才過萬人也傑出也又英傑特立也通作桀又俊傑也　**竭** 盡也　**碣** 特立之石東海有碣石山又碑碣或作嵑　**桀** 磔也周禮謂磔爲䃱辜又桀黠謂其凶暴若磔古作[illegible]又夏桀又雞棲于桀桀杙也一作榤

○**薛** 私列切艸也本作辥史薛莎青蘋六韜蘘薛簦笠謂以莎草爲雨衣也又國名又姓　**紲** 系也擊也又馬韁又長繩詩紲絆去熱之名考工記弓人譬以終紲弓[illegible]也或作絏亦作緤又羈紲縲紲係紲　**泄** 漏泄也歇也或作洩亦作渫通作渫

楔 櫼也棖謂之楔門兩旁木柣即今府署大門脫限者兩旁斜柱兩木於橛之耑是也又喪禮楔齒用角柶　**褻** 衷衣私服又衣破褻之餘曰褻从衣中埶俗作褻非　**契** 本作偰高辛氏之子堯之司徒

殷之先也通作禼**渫**除去也又治井也通作泄**媟**瀆也狎也慢也或作媿亦作暬曰狎習相慢也暬御通作褻**爇**如劣切燒也或作爇亦作焫**吶**言緩也其言吶吶然如不出諸口或作㕯**雪**相絕切凝雨說物者也本作䨮又綏也水下遇寒而凝綏綏然下也又拭也又除也洗也又稷雪霽雪又絳雪紺雪紅雪藥也又雪足雪桃雪滲皆取潔義**屑**先結切動作切切本作屑一曰敬也不獲已也又清也顧也勞也又碎也輕也苟也又方言屑屑不安也又往來貌又騷屑棲屑䢪屑霏屑又玉屑雲母屑

○**絰**徒結切喪首戴也麻在首腰皆曰絰絰之言實綟之言摧明中實摧痛或作璪**姪**兄之女也姪娣也妹曰娣兄弟之女曰姪又謂吾姑者吾謂之姪又兄弟之子皆曰姪或作妷**垤**蟻封也與凸同土之高也一云蟻場謂之坻亦謂之垤**耋**年八十曰耋老也至也年之至也或作耊亦作戜**咥**齧堅貌又笑也或作𪗉𪗬**軼**車相出也相過也又侵突也通作迭**凸**高起也**迭**更迭也遞

也道也互也或作踼亦作佚通作軼亦通作載又迷迭香瓞小瓜在枝間連大瓜也以喻子孫承嗣也

或作𨁲亦作𨁲𨁲跌踼也一曰越也跌踼過越不拘也蹶也僵也失躡也又差跌也或作蹀又掣跌

○拙職悅切不巧也古作䂐或作掘蹇拙鳩拙倡優拙梲梁上楹謂之梲又杖也準鼻也

漢高祖隆準一云準頞權準也啜昌悅切本作歠飲也餔啜流啜啜菽或作歠亦作吷毳又作嚽輟

陟劣切車小缺復合者也一曰止也已也歇也古作輟又作綴畷兩陌間道也廣六尺古賦畛畷無數

田間道啜多言不止本作諁又泣貌詩啜其泣矣泣而縮氣綴聯也本作叕象交絡互綴之形

惙憂也詩憂心惙惙一曰意不定一曰披也又疲也茁側劣切音與拙同草初生貌○玦

古穴切玉珮也君子能決斷則佩玦玦如環而有缺逐臣待命于境賜環則返賜玦則絕又金玦金寒玦

離金玦不復又紫玉玦茶也烏玉玦墨也訣絕也訣別也辭也與死者辭曰訣又方術要法謂決定不

疑也通作決觖 **決** 行流也廬江有決水出大別山一曰斷也又破也从冫誤又齒決袒決衡決勇決 **觖** 怨望也謂相觖而怨望觖與辭別之決同又觖者缺也觖望不滿所望而怨耳 **抉** 剔也韓文爬羅剔抉或作刔通作觖擿觖挑發貌又搜抉挑抉猊抉 **譎** 權詐也又謬欺天下曰譎或作僪 **觼** 環之有舌者詩鋈以觼軜或作鐍又扃鐍之鐍鐍篋箱前鎖處亦作觼通作觖 ○**列** 良薛切分解也本作𠛱行次也位序也又陳也布也通作烈 **洌** 水清也易井洌寒泉又瀫洌相瀫也又冷洌 **洌** 寒也詩有洌沈泉通作烈 **捩** 拗也紾也捋也又折也撕也或作挒亦作攦 **劣** 力輟切弱也鄙也少也蹇劣駑劣寒劣 **埒** 庳垣也晉王濟買地爲馬埒以短垣繞之號金埒又山上水環曰水埒又等也又封道曰埒又道有形埒 ○**徹** 丑列切音與掣同通也又明也達也又淸徹踈徹高徹又什一而稅曰徹又徹侯通侯也又徹去之徹 **撤** 抽也發也剝也又去也又除去也 **轍** 迹也車輪所輾迹也或作

轍亦作䡴通作徹又結轍攺轍合轍**澈**水澄也**掣**昌列切挽也又鉗掣○**蔑**吳結切勞目無
精也無也又微也又削也楚人云削蔑又輕易也**篾**相陵蔑也又姑蔑吳地在衢州或作眛亦作懱
析竹層也蔓也今蜀及關中亦謂竹篾為蔑書布**衊**卓篾席桃枝竹也或作䈼竹之青可以為繫者
污血也**滅**莫列切盡也絕也又火熄也○**撆**普蔑切塗染也沒也又剪滅撲滅生滅起滅擊也拂
也小擊又略也引也蔡邕篆勢曰揚波振撆或作蔽亦作撇**瞥**過目也又目翳也一曰瞥然暫見也
或作⿱敝見亦作覕又飄瞥**蹩**蒲結切踶也一曰跛也又蹩躠小行也又旋行貌通作弊亦作敝**批**
擊也本作⿰扌危通作搋又批逆鱗批大郤○**折**旨熱切斷也又拗折一曰屈曲也又方曲也又毀棄
也折券又封土為壇曰折又祭法瘞埋于泰折折炤
晢也為炤明之名尊神也又折方也所謂方丘又凶
短折未亂曰凶未冠曰短未婚曰折一曰短未六十
折未三十又磬折廉折曲折磨折又九折阪又水方

折者有玉圓折者有珠

浙 江水東至會稽山陰爲浙江浙者折也水勢曲折激起潮頭故曰浙江一曰浙水也或作淛制

晣 昭晣明也晣明一作質明或作𪾢又作晢

哲 陟列切智也知之曰明哲或作悊古作嚞亦作喆

○**舌** 食列切舌在口所以言也別味者也从千从千誤又喉舌脣舌又百舌禽聲

揲 閱持也數著或作擛亦作抴筭

折 常列切斷也本作㪿斷而猶連也又摧折天柱折芒刃折屐齒折又角巾折弦三折

設 識列切施陳也置也合也又立也又唐制諸郡燕犒將吏謂之旬設令廳事曰設廳公厨曰設厨又佳設甚設

○**血** 呼決切血濊也出于肉流而濊濊也又歃血蹀血汗血

烕 滅也从火戌火死於戌陽氣至戌而盡

吷 小聲也一曰飲謂之吷莊子劍首一吷吹劍首者吷而已小孔吹之吷然如風過也

○**鼈** 并列切甲蟲也離爲鼈爲蟹爲龜以骨在外肉在內一名神守或作鱉鼈三足者爲能

閉 闔也塞也

別 筆列切分解也分別也又辯也又小山曰別大別小別山

名又傳別券書爲大手書于一扎中字別之又聖人虎別君子豹別人貍別

○**切**千結切割也刻也近也迫也又急也又刀批也又治骨謂之切又苛且曰一切權時之事又大槩曰一切又譏切也剴切也又門限曰切漢昭陽宮切皆銅沓冒黃金塗又反切一音輾轉相呼謂之反亦作翻以子呼母以母呼子也一韻之字相摩以成聲謂之切从七俗作从土誤

竊盜自中出曰竊又淺也虎淺毛曰竊毛又私也俗作竊誤

○**節**子結切竹約也操也制也止也又撿也阻也又卦名又支節又時節又奇節名節風節折節本作卩瑞信也掌節掌守邦節而辯其用守邦國者用玉節守都鄙者用角節邦國之使節山國用虎節土國用人節澤國用龍節皆金也關用符節貨賄用璽節道路用旌節半在內半在外又山之陬隅高處曰節一作岊

截昨結切斷也本作截詩海外有截整齊也又曰止也

○**闋**苦穴切事巳閉門也一曰息又止也終也盡也曲終爲闋又隙也牖也又葛天八闋言樂音也

缺器破也一曰少

也虧也又毀也玷也又電光照處謂之刓缺或作鈌又免缺玷缺誇缺○**鐵**他結切黑金也古作

銕又茌鐵驄馬名又䥫賓鐵**驖**馬赤黑色取其色如鐵亦堅壯也通作戴○**咽**烏結切聲塞也

又哽咽也又幽咽凄咽嗚咽**噎**飲窒也食塞氣不通或作饐養老祝噎在前亦作餲○**挈**詰結

切縣持也又提挈也又挈壺氏挈攜之知**契**契闊勤苦也又踈闊也又契契憂苦也又愈遐急也又戾

契不平正貌又鈌也又合也○**刷**所劣切刮也禮凌人夏頒冰秋刷清也刷除冰室更當納新

抴羊列切捈也拕也引也或作抴○**悅**弋雪切喜也樂也服也或作說亦作兌**閱**具數於門

中大閱簡車馬也一曰察也出門者察而數之也又閥閱明其等曰閥積其功曰閱又有功曰閥有勞曰

閱又伐閱功勞伐積功也閱經歷也又折閱又掘閱又容也詩我躬不閱○**絕**情雪切斷絲也又奇

也冠也超也度也息也斷也相去遼遠也止之也熄也岍極也古作𢇍反𢇇為𢇍从糸从刀从卩从色非

又斗絕○說失爇切釋也說之使悅懌也又說者述韋編絕○說也宣述人意也談說論說告也解也訓也述也又所論之辭五經爲衆說○穴胡決切土室邪又闕說篤說嵬說巷說勦說也又禹穴○別皮列切音與彆同異也離也窟也又壙金穴丙穴

也解也訣也又生別貧別

沬字

粢鳩篁茶蜆蟣蛣蘚鼈蒟蛚蘁鼈蕝撬翋鋝

十藥

藥

○泊傍各切止也息也又附舟於岸曰泊一曰水白貌又漂泊流寓也又澹泊靜也又安靜也又栖泊淚箔簾也通作薄帷薄也木曰林草曰薄故泊薄又魚箔珠箔薄曰叢薄又厚薄薄之對詩薄言采之薄辭也一云我也時邁薄言注薄猶甫也甫始猶聊云云也又迫也又回薄旋轉貌又噴薄鏐薄

又礴旁礴混同也又充塞也又廣被也又太玄昆侖
姓礴旁礴幽昆侖天之氣旁礴地之形幽人之心也
又畫史解衣盤礴京兆杜陵亭也又絳州垣縣西
閒定貌通作薄魄**亳**有耿原亳原湯誓師處通作薄
匹各切酒滓也盞糟曰粕**膊**薄脯又磔也左傳殺
粕通作魄莊子古人糟粕而膊諸城上又擊聲
古詩膈膈膊膊雞初疾驅聲也詩補各切廣也
鳴又膈膊戰聲喧**薄**載驅薄薄**博**大也通也普
也又多聞曰博又貿易也古琴曲有不**鎛**鎛鱗也鐘
博金又州名又精博寬博从十从尃上橫木上
金葉也鐘筍上飾又錢**搏**索持也一曰至也一曰附
鎛田器迫地去草也也手擊也又拊搏以葦爲
之充以糠形如**襮**黼領謂之襮一火乾也或作
小鼓又攫搏襮曰表也或作纀**爆**爆一曰熱也**髆**
肩甲髆也或作膊亦作胉又作符鑊切束○**鑿**溝
扣豚拍也髆脅也又豚肩也**縛**也繫也也
本作叡谷也坑也**矐**失明也史**嗃**嚴酷貌易家人嗃
虛也又大壑海也矐其目嗃一曰聲也一曰

悅樂又若熱之意

熇 熾也熱貌或作敲

臛 肉羹也有菜曰羹無菜曰臛羹以菜為主臛以肉為主

鶴 何各切鶴知夜半始生二年落子毛三年產伏七年飛薄雲漢後七年學舞應節後七年晝夜十二鳴中律後六十年不食生物大毛落茸毛生色雪白百六十年雄雌相視目睛不轉而孕千六百年飲而不食或作鸖亦作鶮

挌 報挌牽引也吳楚謂牽引前郤為報挌又傳引繩排報

貉 似狐善睡獸本作貈貉踰汶則死史古與今猶一丘之貉言其同類也或作貊亦作狢貛

霍 虛郭切山名在荊州霍山為南嶽霍大山在東北禹貢之太岳一曰大山遶小山曰霍又姓

藿 本作藿尗之少也豆葉又香草通作霍史漿酒霍肉又藜藿場藿又鹿藿葛蔓延生者又名黃斤又葵藿傾陽

攉 手反覆也搖手曰揮反手曰攉盤手戲或作摧通作霍又揮霍猝遽也又奮迅也

〇

鑿 在各切穿木也鏨也又六情曰六鑿又枘鑿椎鑿鐫鑿穿鑿又禹鑿或作鑿

昨 累日也隔一宿也

柞 柞棫柞櫟棫即柞也

卽矢也又盬惡溢惡騂惡○**酌**居杓切盌酒行觴也一曰取也又益也挹也竝霑也又取善而行曰酌又參酌審擇度量也通作汋又斟酌炊酌**灼**炙也燒也熱也又昭也又灼灼華盛貌又爊灼**妁**媒妁斟酌二姓者也**勺**挹取也象形中有實又一勺言少也又周公樂名又蓮勺地名**焯**明也亦作灼或作炤**杓**是若切挹酌器桮杓也通作勺記龍勺疏勺蒲勺又鸕鷀杓鷁尾杓**綽**昌約切緩也本作繛史便嬛綽約一曰寬也或作淖荀子淖約似察也**著**張略切音與灼同被服也本作著一曰置也又著鞭著綦喫著俗作着誤**著**直略切附也麗也黏也又殷尊名著地無足又地著白著沉著○**藥**以灼切瘍醫五藥草木蟲食穀又芍藥香草制食之毒者莫良於此故獨得藥之名又芍藥一名將離故臨別爲贈又瘵也**鑰**關下牡也本作𨷲通作籥管籥也牡鑰是出鑰者又云牡所以下閉者以鐵爲之又魚鑰取魚不瞑目守夜之義又關鑰扃鑰又玉匙金鑰**籥**本作龠樂之竹管三孔以和衆聲也三孔

笛也一云六孔又云七孔又大籥謂之産又葦籥伊耆氏之樂又爾籥又夏籥文舞又南籥季札見舞象箾南籥者

瀹 漬也一曰水貌又治也又疏瀹開滌也或作瀹

龠 量名合龠爲合容千二百黍起于黃鍾之龠躍動微氣以生物也

爚 火飛也一曰藝也古賦震震爚爚或作爍亦作爚又熤爚爍爚

躍 迅也跳躍也進也又上也魚躍龍躍則躍是舉身而上之名或作趯亦作躒又爵躍鳳嚁金躍

約 於略切纏束也約束謂圍繞束縛也一曰儉也約絲之束也而爲儉約之約同音借義又言語要結戒令檢束皆曰約束約信曰誓又少也貧也簡也又大約大率也期也

○**託** 他各切寄也委也信任也或作侂作孔非

橐 囊也字書有底曰囊無底曰橐然則橐今纏腰下者又橐橐用力貌詩椓之橐橐柞聲也

柝 判也本作榹木謂之榹江東斫木爲榹春秋魯之擊柝聞於邾謂判兩木夾於門爲機相擊以警夜也或作㯳又刁斗曰金柝

拓 手推物也又手承物也斥開也又拓落蹭蹬也又拓拔氏北土謂土爲拓

謂石爲菝或云䂐天而生拔地而出遂以氏焉或作㩆亦作托又㤩拓開拓

蘀 草木皮葉落隕地爲蘀亦作𣓪木葉隕也又風蘀秋蘀

鑮 竹皮也又箭鑮冠

○**郭** 古博切國名本作䧚又城郭郭廓也廓落在城外也又郭度也民所度居也又姓又㤩郭又錢郭又赤郭神名

椁 葬有木椁也本作椁或作鄺又沐𢫦沐治也

彍 滿弩也引滿曰彍又彍騎

鞹 苦郭切去毛皮也皮去其毛染而瑩之曰皮華鞹空廓之意也或作韗

廓 開也虛也空大也又州名今秦鳳路或作郭

擴 張大也通作廓張小使大謂之廓

○**落** 盧各切凡艸曰零木曰落木曰落而从艸者木但葉落耳一曰落居也人所聚居故謂村落屯落落院落聚落又宮室始成祭之曰落又釁鐘曰落又訪落始也又鑿落飲器又桑落水名酒名又碧落天也又錯落間厠貌又磊落魁礧貌拓落不偶貌又落落不相入又虎落樹於塞外又大荒落已歲名

洛 水出弘農上洛冢領山東北至河南鞏縣入河又洛陽縣名通作雒

酪 乳漿或作貉亦

作貉又北酪醇酪楚酪　**絡**　絜也一曰麻未漚也又絡絲又聯絡也又綿絡包括也又脈絡脈氣也絡筋也五藏六府有十二經十五絡又籠絡馬羈鞚也又汲水綆曰絡又絡繹連屬不絕貌通作落又珠絡金絡　**樂**　娛也喜樂也小曰喜大曰樂獨曰喜衆曰樂又無憂也或作㦡　○**蠖**　屋郭切蚇蠖屈伸蟲也一名蝍蝛一名步屈老化為蝶漢志尺者蒦也蒦之義蓋取諸尺蠖之義蓋取諸引引者伸也今人布指求尺一縮一伸如蠖之步又蠖濩刻鏤貌又溫蠖愔憤也蒦音約　**雘**　善丹也有青色有朱色山海經青丘之山有青雘今之空青从丹从蒦作雘誤　**濩**　雨流霤下貌一曰濩渀大水一曰汚也一曰蠖濩宮室深邃貌又濩煑煑於鑊也又大濩湯樂名　**穫**　胡郭切刈穀草曰刈穀曰穫又隕穫困迫失志貌隕如籆之隕而飄零穫如禾之穫而枯槁或作穫劐通作獲　**鑊**　鑴也鼎鑊斧屬　○**爵**　即略切禮器也一升曰爵亦取其鳴節以戒荒淫雀鳥之淫者又爵位也命秩為爵又康爵三爵無筭爵又主爵僭爵

雀 依人小鳥也一名家賓通作爵燕雀雀羅又色也黑多赤少之色曰爵象爵頭也又神雀孔雀青雀金雀銅雀

爝 火炬或作燋未爇曰爝

嚼 在爵切嗌也咀嚼也或作噍亦作嚾又饞嚼

鵲 七雀切本作舄今借為履舄字鵲一名飛駁鵲巢取木杪枝不取墮地故一名乾鵲或作鳱鵲背太歲向太乙又崑山之下玉璞抵鵲

○**攫** 居縛切扟也爪持也搏也攫取也記鷙蟲攫搏以脚取之謂之攫以翼取之謂之搏也

矍 矍矍左右警顧一曰視遽貌又矍鑠輕健貌或作戄

躩 立縛切盤辟貌足躩如也

却 去約切本作卻節欲也退也止也不受也俗訛作郤小却拔却前却

恪 苦各切敬也本作愙武王封舜夏商之後以備三恪

○**脚** 居勺切脛也本作腳卻也以其坐時卻在後也又軟脚反有勞曰軟脚又豹脚蚑也鴨脚茶也

蹻 舉足行高也又蹻蹻走貌古賦謂跖蹻廉

屩 履也麻曰屩木曰屐或作繑亦作鞽通作蹻又躧屩釋屩又屩屩芒屩

○**弱** 而灼切撓也劣弱也懦也二十曰弱又水

出龍道山曰弱水

若 擇菜也从艸左右手也一曰杜若香艸又名杜蘅一曰順也又汝也又如也又語辭然也又隊及之詞又善也又若木出東海又海若神名又若盛多貌又長貌又赤奮若丑歲名又上若下若村在吳興出美酒一作箬古作䓛通作叒

嫋 弱也史娬媢姌嫋

○**噱** 極虐切大笑也嗢噱笑聲或作㖸通作谷卻亦通作𦢊𦢊𦢊大笑也又詼噱吟噱

醵 會錢飲酒也或作酟酺醵

臄 口上阿也本作谷詩嘉殽脾臄函舌也口上曰臄口下曰函或作卻通作噱

○**各** 古落切異詞也

閣 所以止扉者今云門頰扇所附著也一曰觀也又鳳閣延閣阿閣慢閣鉤閣石渠閣麒麟閣天祿閣凌烟閣又天子閣左達五右達五達夾室也閣以板為之一曰庋藏之所又餘閣架擔之屬又閣閣猶歷歷也又端直貌又上下相承也

格 木長貌一曰樹高長枝為格一曰縄束槁版也又止也又沮隔不行傳廢格沮事又角戲也曰格五又杙也古賦峭格周施

○**鐸** 徒落切大鈴也軍法五人為伍五伍

爲兩兩有司馬執鐸鐸度也號令之限度金鐸金鈴金舌木鐸金口木舌文事振木鐸武事振金鐸

度 謀也度量也又計也料也忖也又咨度咨禮爲度詩度之薨薨度投也投之版中又善度一曲自隱度作新曲又隃度臆度荒度

○略 離灼切經略疆理也一曰智也行也巡行曰略又取也簡也求也法也大也略大要也又忽也方略計畫也又用工少曰略又王略將略三略匪略脫略領略又渠略蜉蝣名作畧非

掠 奪取也抄掠劫人財物也又掠取也拂過也通作略

○虐 魚約切殘也从虎足反爪人也酷虐也苛也

○削 息約切鞞也一曰析也刀之匣也又刻削刮削也又小侵也又弱也又奪除也又器名記築氏爲削即今書刀又成削脧削繩削掠削又教削簡板也魯削刀也

○謔 虛約切戲也又憂謔善謔

○索 蘇各切草有莖葉可作繩索一曰盡也又索居散也物散則盡又懼貌易震索索又法也左傳疆以周索疆以戎索又蕭索縈紆貌又荒也又索虜謂以索辮髮也又京索地名又哥索鞦韆

也又郭索蟹多足也又歡索又姓○涸下各切竭也或作沍又涸轍國語水涸成梁○諾奴各切應也男唯女俞是古者應對之辭有節文也古者大夫多言唯而衛出公及諸侯應其下皆曰諾又鳳尾諾南朝於諸侯箋奏皆批曰諾而草書若鳳尾形又承領之詞又以言許人曰諾○躇傳躇階而走躇猶超也遽不暇以次或作踱𧿹踱互前卻也

汰字

硌珞駱措碏彠嬳獲鑊澤澤飥鄂堊郝蠚笮郭爍礿

碧彴綮斫蒻葯瘧汋婼

十一陌 一選

陌

○宅揚伯切所托居也又宅擇也揀擇吉處而營之古作宅亦作庑又作度又光宅安宅宅百揆又

五流有宅五宅三居又唐張志和願爲浮家泛宅

澤 光潤也一曰陂澤澤水之鍾也又恩澤又洗澤也又挼莎也又雨澤又白澤獸名又膏澤麗澤脂澤婏澤薌澤塗澤薰澤釀澤又楚七澤又金谷一名梓澤又下澤車又漏澤穴五在泗水縣或作臭亦作睪又作滜

擇 揀選也或作睪

翟 陽翟縣名又姓

責 側革切音與檗同求也迫迮而取之也誚也誅責也責望也責任也又簿責書之於簿一一責之又質責諾責搴責坐責

簀 牀棧又謂之第或作[illegible]易簀卷簀

幘 髮有巾曰幘一云覆髻謂之幘漢書耳賤執事不冠者所服或謂之承露後世以爲燕巾凡救日食者著赤幘又武吏長赤幘又赤幘雞有冠者也又綠幘緈幘

嘖 嘖嘖鳴也又爭言貌傳嘖有煩言又喧嘖吽也嚄嘖大呼也

謫 陟革切罰也責也或作讁亦作適記適見於天又適成

摘 取也手取也又指也或作擿

窄 側伯切狹也天地窄滄滇窄

柞 除木也除草曰芟除木曰窄

○**白** 傍陌切西方色物入陰色剝爲白又告也

語也又潔也素也明也又白屋又引滿舉白餘白瀝
者舉罰之又大白罰爵之名又州名又姓又堅白粹
白精白夷白飛白曳白象白熊白茲白名馬楮
白駿馬五白博塞木秕白諸道藏進闍兒也

帛

繒也
幣帛也又三帛諸侯世子執纁公之孤執玄
附庸之君執黃又束帛大帛飛帛玉帛竹帛

舶

蠻夷泛海
舟曰舶
或作艄

百

博陌切十十爲百百百自也十百爲一貫貫
章也章以詩言之一章也百亦成數漢志
長於百
又旅百

伯

長也禮九命作伯伯諸侯之長也一曰爵名
第三等又兄曰伯又父之兄曰伯伯把也
把持家政也詩既伯既禱馬祖也又五人爲伍伍長
曰伯一伍之伯也又五伯車前五百也古作白通作
栢又歡伯酒也又
匠伯醫伯風伯

柏

柏椈也椈柏性堅緻有脂而香
故古人破爲臼以擣鬱又木名
又泊柏小波也又桐栢山名一名大腹山淮水出焉
又天台山仙人桐柏兵所理亦名桐柏山又玉霄峰
在縣北號小桐
山又姓或作栢

迫

近也逼也急也附也又窘也
迮也通作敀又偪迫侵迫

魄

陰
神

也物生始化曰魄耳目之精明爲魄又曰心之精爽是爲魂魄又魂者神也陽也氣也魄精也陰也形也又月魄花魄胐魄枯魄

珀 琥珀一名江珠出罽賓國松脂入地千年所化中有一蜂形色如生者以拾芥爲驗又云松脂千年爲茯苓千年爲琥珀千年爲瑿通作魄

霸 月始生霸然也月體黑者謂之霸死霸朔也生霸望也通作魄

○**陌** 莫白切阡陌田間道南北曰阡東西曰陌又市中街亦曰陌通作佰又綺陌九陌又百錢爲一陌

莫 定也一曰靜也又莫莫言清靜而敬也又德正應和曰莫通作貊

貊 北方國豸種本作貉貊在東北方三韓之屬一曰縮綸也即綸作縄也謂牽絲貊之周禮凡祭表貊則爲位師祭也於立表之處祭造兵法者其神蚩尤又夷貊九貊

百 勵也左傳距躍三百曲踊三百又唐謂行杖人曰五百五百字本爲伍伯伍當也伯道也使之導引當道陌中以驅除又云伍伯赤幘絳褠郎今行鞭杖者

驀 上馬也古賦驀六駮騎驀又越也

麥 莫獲切芒穀秋種厚薶謂之麥

比他穀隔歲種故號宿麥麥者華也受四時之氣故性之温涼隨用而變大麥宜爲飯又可爲酢蘖可爲餳又瞿麥藥名大菊曰燕麥籥麥雀麥又穭麥又姓作麦非从來不从夾

脈 血理之分衺行體中者本作衇五藏六府之氣分流四肢也又作脉又地脈川脈水脈泉脈

覛 本作眽目略視也又覛覛相視貌通作脉或作眽

霢 霢霂小雨也或作霡

○**格** 古伯切樹高長一枝爲格古賦枝格相交一曰式也又正也又量也又來也又感通也又變革也化也又舉也梁益謂陛曰格又窮究也又窮之而得亦曰格又以杙格獸又杙也古賦峭格周施又度格也凡書架食格肉格皆曰格又方格猶標準也又剞格筆格資格又攝提格寅歲名也

翮 羽莖也翥本曰翮鳥之勁羽或作翯又六翮風翮又飛翮良馬名又鍛翮

格 扞格不入也又相牴牾也

核 下革切果中核也又桃梅之屬又殽核核加籩也或作槅通作覈周禮其植物宜覈物又青田核崑崙核

覈 實也考事而笮邀通其辭得實曰覈實謂考之使實也而者人

覆之也笮迫也邀者要其情也遮者止其詭遁也所以得實也又憿刻也又糟覈穀糠不破者或作礉憿

覈少恩亦作覈通作核總核名實 **隔** 古核切音與格同障也塞也通作鬲俗作鬲非又毀隔垂隔籬

隔又天懸壤隔 **革** 獸皮也治去其毛又革更易也改也又皮熟曰韋生曰革又鞗革轡首也又軍旅曰

兵革又卦名又馬革虎革較華膚革齒革又老革老兵也 **膈** 肓也胸膈也又擊也 ○**厄** 於革切隘

也戶小門也災也又阻難也又困也本作戹通作阨嚞阨也又陽九厄 **搤** 捉也持也握也或作扼抑

也又作扼 **阨** 塞也限也礙也又危也迫也本作阸 **啞** 笑也易笑言啞啞或作[illegible] **額** 五陌切額也本

作頟鄂也有垠鄂也又頟額不休息貌一曰推車聲又云題也 ○**策** 楚革切馬箠也一曰謀也籌也

作簡策難問試者投射答之謂之射策若錄政化得失顯問謂之對策又蓍也又龜策龜爲卜策爲筴又

策者束勒行者挾持使進也又策策葉聲或作筴亦作剌剌通作冊又天策傳說星金策錫杖也从竹从

朿俗作策冊符命也諸侯進受於王者也象其札一長一短中有二編之形當作冊今皆作冊古作笧通作策策簡也長二尺短者半之又一札爲篇連編諸簡爲策國史亦曰簡策又金冊王冊坼丑格切裂也本作㡿易草木甲坼或作宅又作斥又龜中台坼

○砉霍虢切皮肉相離聲或作騞湱淜湱大波相擊聲劃破聲

○獲胡麥切獵所獲也一曰獸名得也又臧獲也荊淮海岱之間罵奴曰臧罵婢曰獲又燕之北郊民而夫婢謂之臧女而婦奴謂之獲又得用曰獲又賢獲勝薫之筞也又王射三獲三容畫界也象田四界若筆畫之也分也又計策也又截止也古作劃又心畫指畫奎書石書刻畫嚍嚍嘖叫呼也言聲也楊子通諸人之嚍嚍

○赫呼格切火赤貌又赤也發也明也亦盛貌又赫赫高明顯盛貌又烜赫明照貌又炙也又火炙日曝皆曰赫或作䓇焃又作爀又翕赫嚇怒貌或作䞒通作䓇亦作赫又呼爀上張口下怒也言魚給就捕之狀

○索山戟切取也一曰求

也又法也又盡也又擇也又京索地名又八索書名**愬**警懼謂之愬易震愬愬或作虩亦作覤

〇**柵**測戟切編樹木也村柵寨柵編木爲之又莎柵谷

〇**客**苦格切寄也又賓客又嚴客揖客又淵客鮫人也木客秦時造阿房官者食木實不死水客舟人也又散客遊客典客

〇**幗**婦人喪冠也巾幗或作簂

〇**骼**禽獸之骨曰骼一說骨骼通稱或作胳

〇**賾**士革切幽深難見也易探賾索隱或作賾通作賾

十一陌　二選

〇**益**伊昔切饒也增也進也又卦名又以弘裕爲義又州名通作蒜王濬夢懸三刀又益一刀後遷益州刺史

嗌咽也江東呼咽爲嗌一云喉也古作蒜

繹羊益切抽絲也理也陳也長也大也終也充也又審度也又解也又尋繹也又繹繹善走貌又文采貌又往來不絕曰落繹亦作落驛又攫繹曒繹

紬繹

譯 傳譯四夷之言者越裳重九譯獻白雉周禮象胥傳四夷之言東方曰寄南方曰象西方曰狄鞮北方曰譯譯陳也陳說內外之言通作繹

驛 置騎也今之遞馬又傳舍也

懌 悅也樂也斁也又夷懌辭懌

掖 以手持人臂投地也一曰臂下也一曰門旁小門曰掖門如人臂掖宮掖宮旁舍也又誘掖誘在前導掖在旁扶又張掖郡名逢掖大衣也通作液又西掖左掖

腋 亦人之臂亦也从亦象兩亦之形人之腋也八其處也本作亦又肘腋左右肘脅之間曰腋通作掖

液 津液也漢太液池名言其津潤所及者廣又雲液玉液酒也玄液雨也金液瓊液靈液神液皆甘津也又瀝液融液滋液淫液又鬪俗立冬後遇壬日爲入液小雪爲出液得雨爲之液雨又五臟化液心爲汗肺爲涕肝爲淚脾爲涎腎爲精是爲五液

弈 圍棊也以子圍而相殺故謂之圍弈者落弈之義

奕 大也詩奕奕梁山又姣美也新廟奕奕又不定也憂心奕奕一曰容也盛也奕偞容也自關而西美容謂之葉奕奕偞偞皆輕

麗貌。又奕葉，累世也。又鳥奕，猶言蟬聯不絕。

嶧 葛嶧山。夏書嶧陽孤桐，即秦刻石處也。

醳 苦酒。一曰醇酒。醳是和醳之名。今卒造之酒，或作澤。

襗 祭之明日重祭名。殷曰形，局曰襗。襗通作繹。

亦 注見腋字下。一曰又也。又旁及之辭。

易 本蜥易字。日月爲易，象陰陽也。又變易也。神妙不測也。又三易：連山、歸藏、周易也。又揲著生爻卦象亦曰易。

射 無射，九月律名。射，出也。言陽氣上升，陰氣收藏，不復出也。又厭也。又藐姑射山。又

斁 解也。厭也。一曰終也。

蜴 蜥易，蝘蜓，守宮也。又在壁曰守宮，在草曰蜥蜴，南楚謂之蛇醫。又虺蜴。

場 畔場，疆場。疆是大界，場是小界。今小曰塍。又邊境也。通作易。

○**瘠** 秦昔切。瘦也。本作膌。又病也。公羊傳大災者何，大瘠也。或作胔。傳羸胔老弱。又捐瘠、柴瘠。占作脨，亦作瘯。

厝 清河郡厝縣，安帝葬孝德皇后，故曰甘陵。

籍 簿書也。史，尺籍伍符。然則簡長尺也。又籍籍，語聲。又屬籍、通籍。又黃籍、橘籍。又姓。

踖 踐也。曲禮毋踖席。藉也，以藉足也。又踖陵，地名。或作蹐，亦作𨆪，又作趞。

藉草不編狼藉也離披雜亂貌漢書名稱藉甚狼藉甚盛也耤帝耤千畝也通作藉謂蹈藉也積
資昔切聚也累也堆疊也又銖積露積素積裳衣襞積鯽魚也本作鰿似鯉色黑而體促壯大而脊
隆霜鯽玄鯽金鯽脊背呂也積也積續骨節脉絡上下也詩有倫有脊又理也又上黨居天下之脊
迹步處也足迹或作遺亦作跡蹟偉迹陳迹鳥迹禹迹馬迹削迹又重足一迹蹐小步也累足局
蹐畏怖之言也通作迹借假也左傳願借助馬或作藉傳從田橫藉助兵○辟毗亦切音與邲
同法也書大辟禮以八辟麗邦法闢開也啓也爾雅溪闢流川溪闢謂通流也通作辟擗撫心
也擗踊哭泣通作辟詩寤辟有標躃必益切人不能行也本作躄亦作躄通作躃荀子不以一躃馬毀
與致遠又跛躃襞褰衣也襞摺疊衣也又裙褶為襞積辟法也又君也一曰除也或作辟古作侵明
辟百辟又九辟七辟又鞭辟又辟邪僻寒癖匹辟切音與匹同瘕癖腹積聚又偏癖痰又嗜好之病土

濟馬癖和嶠錢癖杜預傳癖 **霹** 靂迅雷一曰雷神名 **僻** 辟也邪也乖僻偏側也陋也邪哆也或作辟亦作薜古作伮秕僻頗僻放僻 **璧** 瑞玉圜也璧者外圜象天內方象地肉倍好謂之璧肉邊好孔也拱璧尺璧連璧雙璧又金釭銜璧又日月合璧 **碧** 兵亦切石之青美者碧西方間色白西方正金白尅大青故碧青白又雙碧眉也又血碧又凝碧池 ○ **昔** 思積切古也往往也始也往昔前代也曩昔嚮日也疇昔昨日也又夜也一昔一夕也通昔通宵也昔昔夜夜也 **惜** 痛也一曰貪也悋惜憐也愛也 **腊** 乾肉也本作昔又脯腊大物解肆乾之謂之乾肉薄析曰脯捶之而施薑桂曰鍛脩腊小物全乾者腊之言夕也朝曝於夕乃乾通作昔又熊腊枯腊鼠腊 **舄** 履也以木置履下乾腊不畏泥濕故曰舄又複下曰舄禪下曰履舄有三等赤舄為上冕服之舄最上達者下有白舄黑舄又金舄玉舄皃舄又陵舄車前也秦復陶豹舄或作鞨耤 **席** 祥亦切籍也天子諸侯席有黼黻純飾席以待賓客之禮

非一人故从庶又釋也可卷可釋又薦席槀秸曰薦
莞蒲曰席又簟也書筍席葭席又重曰筵單曰席又
席間函丈又藉也資也因也古作𡬟其**蓆**廣多也大
安如石也又袵席瑤席膝席側席又姓也又儲也
夕暮也月初生暮見西方故半月爲夕又朝夕朝見
曰朝暮見曰夕國語大采朝日少采夕月又歲夕
九月盡十**汐**水名出陽城一曰海○**釋**施隻切捨也
二月也潮早曰潮夕曰汐解也散也清
也廢也服也或作澤詩其耕澤澤言土解也亦作繹
通作醳又釋菜一作舍又釋天釋晉道安沙門稱釋
自道**適**之也樂也善也悟也往也安便也適然又偶
始然也適來又爾來也又甫爾之辭又貢其人
曰適適猶當也一適再適三適**奭**盛也鄒衍之術迂
又榮適賞適酒適醉適白雲適大而閎辯鄒奭文
具難施故齊人頌曰談**螫**毒蟲也詩自求**穡**發穡蕢
天衍雕龍奭炙轂輠髠辛螫或作蠚蕢也雨
衣**石**常隻切山體爲石又山骨又量名十斗曰石麤
布皮革羊裘之數亦稱石又三十斤爲鈞四鈞

爲石曰衡石又八音之一又州名又姓又嘉石肺石底石又擿石石員而長所以澄水文石陛名燕石黃石澥神鞭石

碩 碩大也又充實也通作石傳石畫之臣又庭碩儒碩

〇隻 之石切鳥一枚曰隻也持一隹曰隻持二隹曰雙又物單曰隻从又左右手俗从夂誤

炙 炮火也炕火曰炙炕舉也以物貫之舉于火上以炙之古作⿰糹隶又燔炙焚炙又炙踝

摭 拾也本作拓陳采語也志攈摭秦法古作摭又掎摭鉤摭

跖 足底也又跖蹻人名通作蹠古作蹠傳又苦跺盭今呼腳掌言足下反戾不可行又雞距又蚤跖蠟也

擲 直炙切本作擿一曰投也又振也拖也掉也通作蹢又梭擲金石擲

躑 住足也本作蹢易羸豕孚蹢躑又躑躅花名

〇赤 赤炎南方色也南方之星其中一最赤名大火又裸裎曰赤體又空盡無物曰赤南史其家赤貧又大赤旗旗之屬又忠赤又赤族又赤子古作烾

尺 昌石切十寸也人手卻十分動脈爲寸口十寸爲尺尺所以指規矩事也周制寸尺咫尋常仞諸度量皆以人之體

爲法布指知尺舒肱知尋又度量衡以粟生之十粟
爲一分十分爲一寸十寸爲一尺通作赤又襄尺枉
尺　斥 指也一曰大也開拓也又黜也棄也屏除也又
斥候斥度也候視望也又斥土墳土也又斥鹵
鹹地也東方謂之斥西方謂之鹵斥地鹹〇劇 奇逆
鹵也書海濱廣斥又揮斥陵斥推斥簡斥　切增
也一曰艱也尤甚也又戲劇 屩也木屐或作屐阮
又華劇惡劇治劇戀劇又姓 屐 孚蠟屐嘆曰一生未
知著幾量屐謝靈運尋山陟峻木屐 戟 几劇切有枝
上山去前齒下山去後齒又折屐　兵也本作𢧢
戟長丈六尺冶氏爲戟廣寸有半內三之胡四之援
五之又雙枝爲戟單枝爲戈或作棘記越棘大弓又
書戟棨〇隙 綺戟切壁際孔也一曰閒也怨也嫌恨
戟矛戟　也釁也空閑也或作𨻶隙陊亦作卻又
作郤 地名晉大夫 粗葛也或作〇擘 博厄切撝也
郤叔虎邑又姓 綌 綌亦作帢　一曰大指巨
擘也又分擘也鉱也或 黃木也即今黃蘗或作蘖
作擗又雲絮擘巨靈擘 蘗 又書用黃蘗辟蠹又氷蘗

㮍棨○刺七迹切穿也傷也刃之也又針黹也刺繡文又偵伺也刺探又蹵也又撐也史佐刺船或作措又語刺刺不休磧水渚有石者吳楚謂之瀨中國謂之磧又虜中沙漠曰磧○逆宜戟切迎也關東曰逆關西曰迎或曰逢也又卻也亂也迕也拂也不順也自下而上曰逆謂上書上表又逆迎受之又莫逆曰逆

汰字

䶂蟈膕啨齰瀉磶貘殜拍皏棫詻觡虢爐軛齸帟鼊

埥瘦鬲

十二錫

○的都歷切明也也本作的實也又端也或作皡又質的準的又愁的月也靮馬韁也紖也羈靮羈

以絡馬靮以控馬

適 親也從也又厚也專也又意所必從曰適又主也

滴 水注也涓滴水點又瀝下也注也

鏑 矢鋒也箭鏃釋名敵也云可禦青齊謂之鏃言所中蔟族關西謂之釘鉸云有鉸刃通作鍉

嫡 嫣也正也君也子長曰嫡衆曰庶又云正室曰嫡隨嫡曰之嫡出曰嫡子妾出曰庶子通作適

菂 蓮中子也或作芍通作的的中有青爲薏味苦

蹢 蹄也詩豕白蹢或作豴

商 本也木根果蔕皆曰商與商不同

帀 至也本作迊

狄 徒歷切赤狄本大種狄之爲言淫辟也其類有五月支穢貊匈奴單于白屋又姓又金狄銅狄或作翟夷翟又赤翟白翟

荻 萑也本作藡河濟之間千樹荻其人與千戶俟等

糴 市穀也或作籴閉糴乞糴和糴

敵 仇也匹也當也輩也主也又拒抵也或作適

滌 洒也除也淨也或作條亦作脩

籊 竹竿貌詩籊籊竹竿長而殺也

覿 見也或作覿亦作現

翟 山雉也伊雒而南素質五色皆備成章曰翬江淮而南青質五色皆備成章曰搖一曰后車名王后

五路垂翟厭翟又后服名揄翟闕翟又姓又夏翟三翟或作鷂通作狄

笛 七孔箫也羌笛三孔笛滌也所以滌邪穢納之雅正長尺四寸七孔笛韻一定諸絃歌皆從笛所出或作篴

踧 踧踧平易也

頔 好貌也

迪 進也蹈也順也循道也導也啓迪開發也青齊聞相正謂之迪

逖 他歷切違也或作逷亦作狄離遯也

剔 解也或作肆割者肆解肉也古作[illegible]韓子爬羅別抉

趯 趯趯跳也或作[illegible]

摘 拓果樹實也一日指近之也發也動也又挑也亦作適

愓 敬也又怵惕也憂也懼也愛也或作悐亦作惕古作惖

○

錫 先擊切銀鉛之閒銀色而鉛質也又錫鑞也錫有黑有白又粉錫胡粉也又與也賜也九錫三錫飛錫卓錫

蜥 蜥蜴

裼 袒也裼襲肉襢曰襢去上衣曰裼一云衣單曰裼垂曰襲

淅 汰米也接淅而行又淅瀝雨聲或作淅

析 破木也分也又析木謂之漢津星次名又胛析牛百葉也又髈析蕩析儋析或作棤古作厤

晳 人色白也或作晳从析从折誤

○

瀝 郎擊切浚

也商瀝謂漉去而餘滴也點滴又歷過也傳也經歷
滲也又楚瀝餘瀝又淅瀝披瀝也又行也又歷
山地名或作蘼又爰歷曆曆象也又曆數通櫪櫪斷
趦高作字體又寂歷作歷又鳳曆龜曆梩指
也以木押十指而縛之也又櫪斷木名松櫟木也爾
櫪也又馬櫪牛馬皁通作歷又驥伏櫪雅櫟其
實梂櫟實橡有梂彙自裹也一曰槲一曰皁斗南多
槲北多櫟又秦人謂柞櫟爲櫟河內人謂木蓼爲櫟
靂霹靂也一作礔礰通作○戚倉歷切近也親戚親
歷天文志辟歷夜明指族內戚言族外又
戚戚相親也又戉也木作戚干戈戚揚憂也哀
姓又窋戚玉戚鏚戚斧揚鉞又作鏚鉞慼慼也或
作慽通寂前歷切無人聲也本作宋寂寞也又○覓
作戚靜也安也或作家亦作誺諔又作淑
莫狄切邪視也本作覛今作覓求汨長沙汨羅淵也
也尋也索也或作脈俗作覔非今屈潭是也人
歸義江戶十許里即冪覆也恭冪可以覆物祭祀以
汨羅南曰汨北曰羅冪疏布巾冪八尊以畫布巾冪

六彝又冪䍦婦人所戴又蒙冪○鶪五歷切鳥也雄雌相視則孕或曰雄鳴上風雌鳴下風亦孕或作鶹亦作鵻通作鷊又鵙鵙䳭鳴聲亦作鶪霓雌虹也賦雌霓連蜷○績則歷切音與卽同緝也緝麻也又素績素布裳也成也又績也勣功也事業也通作績庶勣丕勣○激古歷切水礙也疾波也蕩激也又電激矢激詭激椎激擊攴撲也打也扑也或作撽鵬擊鷹擊狙擊賞擊戞擊○檄胡狄切徵兵之書也長尺二若有急則揷雞尾謂之羽檄一曰陳彼之惡說此之德曉慰百姓之書一曰皎也明言此使皎然而識也又爾雅木無枝曰檄檄權直上也覡能齊肅事神明者在男曰覡在女曰巫能見神也一云男陽有兩稱曰巫円覡女陰不變直名巫無覡稱或作擊○惄奴歷切飢餓也一曰憂也又思也或作餃又作慯溺沒也本作休又沈溺拯溺○甓蒲歷切瓴甋也一六甗甎又金甓文甓又陶侃運甓壁垣也壁辟也辟禦風寒也又卯蝨臨危謂之壁又東壁宿名又靑壁

複壁椒壁也○澼匹歷切漂也莊子洴澼絖漂絮者霹霹靂雷之急激者或作礔礰通作劈歷○殈呼臭切鳥卵裂也記卵生者不殈焱火華謂之焱火䵮也○闃苦臭切寂靜也易闃其無人○鶪扃闃切博勞也伯趙以夏至來冬至去故曰伯趙氏司至也一云伯勞賊害之鳥其鳴鶪鶪故以其音名之或作鴃又作鵙鶪鵙也七月鳴則陰氣至而衆芳歇○鬩馨激切音與殈同恒訟也詩兄弟鬩于牆或作誶○喫詰歷切食也啗也飲也或作䶛亦作嗷

汱字

轢皪徼薂虉鷊緆鬲酈馰樀毄塓狊耆

十三職一選

職○識賞職切常也一曰知也能別識也又見識也古作戠或作戠又器識才學識又六識飾攸也

一曰豫飾飾也又緣也粧也又法也規榘也又敬也
藩飾豹飾粉飾靚飾脩飾 **式** 度也樣也制也又取
法也又爲法也又乘而俛首致恭曰式義取憑軾也
又用也書式抑民則又發聲也詩式微式微又品識
九式矜也車前也兵車軾高三尺三寸人所凭也
式承式 **軾** 車前軾通作式又能軾伏軾又軾蛙 **拭**
清也拭側又拭 **寔** 烝職切止也寔如此 **湜** 水清底見
拭揩也或作拭止如此也實也是也也又持正
貌或殖 **殖** 脂膏久殖也一曰脂膏久則浸潤也一曰種
作湜也左傳夫學殖也一曰興生財利曰殖又多
也滋殖繁殖又培擁也封 **埴** 黏土也又埏埴 **植** 戶植
殖又殖殖平正貌又生殖摶埴擿埴赤埴也卽
門戶橫鍵所穿木鎖所附者一曰樹立也又 **食** 繩力
樹種也又植物根生之屬又置也或作置切飲
食也凡可食之物曰食殽饌也又茹也陷也又吐而
復呑曰食食言也又相妒忌曰對食有相噬意又消
也又飲盡曰食又寒食節名大食國名 **蝕** 本作憸日
又玉食鮮食鼎食廟食旅食耳食鷇食月虧曰蝕

稍小侵虧如蟲食草木之葉日月薄蝕氣往迫日
薄虧敗曰蝕又凡物侵蠹皆曰蝕或作瘜通作食○
棘 紀力切小棗叢生者又草木刺人北燕朝鮮之間
謂之茦自關以西謂之刺江淮之間謂之棘棘如
多刺木色白者爲白棘實酸者爲棫棘亦名酸棗酸
棗以棘名邪又天棘天門冬垂棘地名出美玉又九
棘列棘大棘嚴棘衣領也詩要之誅也或作極
閔棘又越棘弓名 **襋** 襋之或作極 **殛** 詩後予極焉
亟 敏疾也承天之時因地之利口謀之手執之急
時不可失急也又趣也或作茍亟通作極 **㥛** 性
也一曰急也本作蘵束物之急渠力切極者屋
謹重貌曰 **革** 莫若革又兵也通作棘 **極** 脊之棟也今人
謂高及甚爲極義出於此又中也至也要會也又皇
極太極又北極天樞又南極天之南軸又三極天地
人又四極東至泰遠西至邠國南至濮鉛北至祝栗
又六極天地四方又六禍也又八極方隅極處又寧
極廬鴻隱嵩山所居 於力切本作𢡱一曰度也
究自號又終也窮也○ **億** 又辭也料度也又供億猶

供儗也又十萬曰億又 **億** 思也念也 **臆** 胷肉也本作
云萬萬曰億或作意 又記也 肊亦作𩪿臆
通作意 **醷** 醲醴醨爲漿也 **薏** 薏苡本作蓄一曰薏英
又微臆又水醷梅漿也 今謂之薏米堅者曰幹
珠又蓮心謂之薏又爾雅 按也又密也治也塞也
菊與薏相似菊甘而薏苦 **抑** 遏也冤屈也逼也止也
又亦然之辭又抑抑謹密也又發語辭又美 ○ **即** 子力
色也詩抑若揚兮揚顙也又抑畏懼抑按抑
切即猶就也就食也舍也今也半也又 **喞** 啾喞多聲
當也即日當日也又只也即此只此也 又蟲鳴
稷 齊也五穀之長也稷即穄或作齋亦作齊楚人謂
之稷稷關中謂之穈其米爲黃米關西謂之穈冀州
謂之粢粢穄也稷稷之秋種夏熟歷四時備陰陽穀之貴
者詩既齊既稷稷之爲言疾也又稷田正也穀神又
曰下稷下秦力切音與疾同疾也 ○ **翊** 飛貌一曰
昃也晡時 **堲** 書朕堲讒說或作即 輔也又馮
翊郡名又扶也衛也通作翼又輔翊猶 **翼** 翅也本作
翼戴也又引翼在前曰引在旁曰翼 翼羽翼也

或作䘙䋚又恭也美也助也又扶也衛也又南方宿名十八度又易十翼又舟也千翼千艘也又三翼大翼一艘十丈中翼九丈六尺小翼九丈又鵬翼鳳翼蜩翼虎翼又比翼鳥曰鶼又奮翼燕翼

翌明也古賦翌明言彰明其明德也又明日曰翌日書作翼

弋與職切音與逸同繳射飛鳥也本作惟又黑也史身衣弋綈又取也又畢弋彈弋

○敕耻力切誠也執轗以出教令也正也固也理也書也急也天子制書曰敕亦作勑通作飭又墨敕

飭致堅也修整之也牢窨也又整備也又脩飭又飭躬通作勑或作飾

鶒鸂鶒水鳥毛五色本作鷘亦作雞鶒又作鵡

○匿女力切亡也藏也微也隱也又陰姦也一曰朔而月見東方曰側匿又服匿器名如罌小口大腹方底用受酒醅

㥾愧也梁宋同㥾或作悳

○嶷鄂力切小兒有知也本作㘈詩克岐克嶷岐知嶷識也一曰岐嶷言其能立也或作懝

薿茂也詩黍稷薿薿

○職之翼切記微也周禮國有六職皆主記事之微也又主也常也

業也埶掌也又職職多也莊子蕆物職職又雄職劇職衮職

織 作布帛之總名治絲曰織又經緯相成曰織或作績亦作絨又作裁又心織舌織羅織

○**息** 相即切喘也一呼一吸爲一息一曰止也又生也又保息謂生長又消息陽生爲息陰死爲消又消息音信也又兒子爲息出錢生子亦曰息又大聲嘆曰太息又姑息又國名又新息又胎息龜息彖息屏息弱息又土息晉琴篇名古作諰

熄 滅火也又蓄火也

○**直** 除力切正見也正曲爲直又正也正直不曲也又反也伸也當也又樅直樅葉與身皆縱繪則皆直又弦直繩直噌直繇直又姪古作桌

陟 竹力切登也升也進也又爾雅山三襲曰陟或作償徙徙隲亦作循又黝陟峻陟

○**逼** 彼側切追也又驅也或作偪又侵逼

幅 行縢也詩邪幅左傳幅烏通作偪內則偪屨偪束其脛自足至膝蓋以幅帛邪纏於足所以自偪束卽縢約也

○**力** 林直切筋力氣所任也又凡精神所及處皆曰力心力耳力目力是也又物所勝亦曰力風力火力

酒力弓力是也又治功曰力又勤也力穡力學又病甚曰力又用力勉強曰力又食力戮力膂力

十三職 二選

○勒盧則切馬頭絡銜也一說馬轡也有銜曰勒無曰羈絡其頭而引之一曰刑也又抑也刻也又踈勒西域國名又鐵勒北狄又金勒朱勒又瀧勒嶺南竹名牛勒薔薇也菴摩勒餘甘子也 肋脅骨也勒也所以撿勒五藏也通作勒雞肋龜肋細肋 扐筮者蓍蓍指閒也或作艻 泐水石之理也言石因其脈理而解裂夏時盛暑大熱則解散 仂歷德切什一也數之餘也禮王制凡祭用數之仂跡以爲分散之名通作阞 崱實側切崱岃大山貌山連也 測初力切深所至也度也考工記漆欲測清也乂蝨測上圭測 側痛也愴也或作惻 畟治稼畟畟進也詩畟畟良耜或作稷 ○色所力切顏色人之儀節也又采色也又色欲又國色市色菜色漁色德色物色 嗇愛濇也田夫謂之嗇

夫愛惜也又貪也慳也又積也古作嗇嗇亦作𠌶通作穡**穡**穀可收曰穡稼穡種曰稼斂曰穡通作嗇

塞蘇則切窒也本作𡫳滿也隔也塡也充也壅也又啓塞門戶道橋謂之啓城郭墻塹謂之塞又阨塞

要塞○**蔔**宓墨切本作菔蘆菔似蕪菁根可食卽今之蘿蔔也一名雹葖一名溫松一名紫花菘又

薝蔔花名又名巵子又名林蘭**匐**伏地也匍匐兒以手行也又匍匐盡力奔趣往也或作服扶服又蒲

服亦作伏蒲伏又蟻伏**踣**僵也斃也倒也或作棓亦作仆踣又作趦○**刻**鏤也一曰痛也一日

家跡又剝也又刻薄慘覈也又刻漏也鍥漏箭以候日晷曰刻故因謂晷度曰刻故作剻又篆刻墨刻頃

刻**克**苦得切肩也象屋下刻木之形肩任也又負荷之名也能勝此物謂之克也又勝巳之私之謂

克又得雋曰克又忌克勝心也古作亨臬又通作剋又剛克威克濫克掊克**尅**殺也又必也急也又

捐削也又聚斂侵害曰掊尅又尅期約定期日也通作克○**墨**書墨也又刑名墨黥額也又貪以敗

官爲墨又度名小爾雅五尺爲之墨又郎墨縣
名又姓又石墨黛墨墨又銅墨縣令銅章墨綬
默莫北
切犬默無聲又靜也不語也或作嘿淵嘿又嘿嘿不
自安亦作嚜古賦吁嗟嚜嘿又作墨幽墨無聲又墨
墨不得志又干也貪也冒之爲貪嘗犯禮法而黷
作穆又作默**冒**貨也又冒霧露冒白刃又冒頓匈奴
單于名又毒冒冒龜
屬又抵冒蒙犯也
〇**忒**他德切更也差也通
作貸亦作貣又僭忒
慝惡也
穢也
邪也一曰隱惡又淑慝慝姦慝慝引慝聚慝蒐慝又朔而
月見東方謂之仄慝行之道在日後當沒而更見又
云仄慝者不進
之意通作匿
特徒得切特牛也一牲曰特又豕生
一曰特又豕三歲爲特又但也獨
也又挺立曰特又匹也婦謂夫曰特又新特夫謂婦
爲特又專也勤渠也故也或作犆亦作得又縣特軒
特
〇**德**多則切升也內得於心月德升聞曰德又德
行道德又恩也惠澤也又四時旺氣也又州
名古作惪
又作悳
得取也本作得得又云獲也凡求而獲皆
曰得賦受亦曰得又合也又人相契合

日相得又獲○黑呼北切火所熏之色也北方色又
器用曰得 黑水出崑崙墟西北隅又嘿黑[illegible]
黑劾胡得切推窮罪○仄側傾也人在厓石之下不
人也按劾也 得安處也不正也又反仄
也又陋也仄陋卑隘也又偪仄又平仄又赤仄日
錢名又仄慝月行遲也或作㕎亦作厠通作側昃在
西方側也本作厢或作昃不及○惑胡國切亂也迷
則未過則昃古作稷通作仄 也疑也又熒惑
星名或作㼳通作或或本邦域字今作或疑辭
或或惑之甚者也 也不安也又未定也○則
子德切等畫物也則節也取用有節刀所以裁制之
也一曰法也凡制度品式皆曰則毀則爲賊又天則
又五則權衡度量準又夷則七月律名又地賊昨則
未成國曰則又助辭又然後之辭古作劃又劓切敗
也害也又寇賊姦宄攻劫曰寇殺人曰賊又毀則曰
賊又偷盜刺皆曰賊又烏賊魚浮水上烏啄之乃捲
取焉本○北博墨切乖也从二人相背又奔也北者
作鰂 乖背之名故以敗走爲北又朔方也太

陰若北方北伏也陽氣伏於下於時爲冬古作蛩文杜鵑凡鳥皆向北○國古或切邦國小曰邦大曰國又邦國通稱也或作或俗作国又化國敵國頁國覘國又杜國又姓

十三職 三選

○域雨逼切邦也本作或區域也居也界局也又字內曰域中或作閾古作[illegible][illegible]又聖域道域壽域鞠域畛域區域緎羔裘之縫也本作黬古者以皮爲裘織組紃著縫中連屬兩皮因以爲飾所謂絲也緎爲裘之界域也或作[illegible]罭九罭百囊網緵罟也又曰小魚之網閾門梱也又門限也謂門下橫木爲內外之限古作[illegible]○愊拍逼切誠志也悃愊至誠副判也析也周禮副辜祭或作疈疈辜祭四方百物愎弼力切戾也狠也剛愎自用也又咈也

汰字

棫蜮淢畫杙妷縢纆蟚𤝸荝

十四緝

緝

〇急居立切褊也本作㤂疾也窘也迫也又也言操
切之使相逮及也又急告寧皆休假名晉令急
假者一月五給相足也供給又贍也又尸捷也又給
急或作急 給與也荀子齊給如響應事而至謂之
給 級絲次第也等級又階級記拾 汲引水於井也汲
級聚足又首級又陛級爵級 汲汲不休息貌又汲
勤急貌又汲引也又縣名 伋人名孔伋郭 及其立切
又谷汲寄汲又姓通作級 伋通作急 及逮也及
捕人也至也連也一日辭也連累也又兼與之辭左
傳與謀曰及又旁及覃祓也古作㐰亦作逮又入
及言能導人追宗者 笈負書箱也書 岌魚及切高山
也又日及木槿花 笈經笈藥笈 爾雅小山岌
大山峘高貌 〇緝七入切績也西州人謂績爲緝
又岌岌危也 緝又績也詩緝御緝者逕續之義葺

茨也苫也覆蓋曰葺亦補治也脩補也

霫 雨貌霅霫大雨又奚霫東北夷名

戢 阻立切藏兵也止也斂也詩戢其左翼提也提其噣於左又戢戢小魚貌

濈 和也

輯 奏入切和也又斂也書輯五瑞記輯杖輯屨通作揖又統輯

集 鳥在木上也本作雧又聚也會也就也成也安也同也眾也又雜也又文集唐有經史子集四庫又州名又雲集鳥集螽集蛛集坌集

○邑 於汲切國也周禮四縣爲都四井爲邑邑方二里公邑謂六遂之餘地家邑謂大夫之采地又王都亦稱邑詩商邑又國亦稱邑書大邑周天邑商又林邑國在交趾南又艮邑嶽邑

浥 涇也詩厭浥行露又清也潤也

唈 嗚咽短氣也通作邑史作於邑又安能邑邑待十數百年

悒 不安也憂悒也

裛 書囊一曰香襲衣杜詩雨裛

○十 是執切數之具也一爲東西十爲南北則四方中央具矣易數生於一成於十通作什今文書借作拾又拔十糲十利十

拾 掇也收拾又斂也一曰射韝扞詩決拾決鉤弦拾遂也以韋爲之以護左

臂利弦者又刪拾又拾瀋又拾芥 什 相什保也保相保任也軍法五人爲伍伍伍爲什古以十篇爲一什又什 物什器 褶 袴也袴褶騎服也 濕 失入切幽濕也本作溼水霑也潤也又濕濕牛耳動貌束濕惡濕濕本水名後相傳以爲乾濕字 ○習 似入切數飛也學也習者服行所傳之業又便習慣熟也又狎也又近習又重也習坎也又習習和舒貌風接續也又姓 襲 左衽袍也又衣單複具曰一襲今人呼爲一副又因也及也合也又掩襲凡師有鐘鼓曰伐無鐘鼓曰襲又重也又十襲珍藏又裼襲袒而見裘曰裼揜而充裘曰襲又沓襲鱗襲 隰 阪下溼也又下平曰隰又州名 熠 弋入切盛光也又熠燿螢火又閃爍貌 ○吸 許及切內息也氣息入也亦引也飲也或作噏傳噏清雲之流瑕又虹吸鯨吸又噏吸噓吸 翕 起也合也斂也動也聚也也盛也通作歙又箕翕 潝 水流疾聲詩潝潝訿訿不善貌又附和也或作潝 歙 縮鼻也又縣名 ○蟄 直力切蟲藏也龍蟄驚蟄啓蟄 縶 陟力

切絆馬足也本作馽又羈縶又縶維在腹曰鞅在後曰絆絆繫足也縶之謂絆維之謂繫 **汁** 液也瀋也湆也又瀋汁也又茗汁雪汁 **執** 之入切捕罪人也本作執操也守也也捕也又囚也䋦也又執友志同者又父執父同志者又服也持也詩執競傳豪强執服古作瓠又摶執又貌執之士執待也 ○ **立** 力入切住也又成也行立之立又堅也置也建也山立水立壁立鼎立鴗立鼠立 **粒** 糂也米粒古作㕘通作立剖粒擘粒 **笠** 簦無柄也雨笠蓑笠有柄曰簦無柄曰笠又笠澤吳松江名又本草呼破笠爲敗天公臺笠篛笠又天形如笠而冃地之表 **苙** 畜闌也方言圂也又藥草名白芷也 ○ **揖** 聚也詩揖揖兮會聚貌或作咠 **揖** 伊入切讓也一曰手著胸也拱揖又進也遜也推手曰揖引手曰厭又上手曰厭手厭手胸引手曰揖揖而左揖而右通作挹下手曰拜 ○ **入** 人執切內也得也納也又沒也消入入稟入入笙入邑入又六入 **廿** 二十字并爲廿也 ○ **泣** 去急切無聲出淚曰泣水淚也

泣哭之細也泣泣岐泣王又牛衣泣前魚泣○澀色力切不滑也本作澀或作濇俗作澁奇澀羞澀

汰字

槢潗䱦

十五合　一選

○闔胡臘切門扉也闔謂之扉又闔扇治門戶用木曰闔用竹葦曰扇或謂雙曰闔闔門也單曰扇扇戶也又閶闔天門名通作蓋又押闔之術盍盇覆也本作盇一曰何不也爾雅合也或作蓋蓋青齊人謂蒲席曰蒲蓋又苫蓋蓋苫之別名又白屋謂白蓋之屋以茅覆之又姓嗑多言也又噬嗑卦名嗑者合也或作謚亦作評榼苦盍切酒器也榼之爲言盍也百榼椑榼亦作醘又作䪢磕石相築聲古賦發長平兮雷鼓磕或作礚溘渴合切奄忽也或作溘○合侯閤切合口也合同也會

也相偶也配也麴蘗以斤石稱輕重齊則爲合鹽豉以斗斛量多少等亦爲合合者相配耦之言又對也六合天地四方對也又荅也又合子盛物器名又州名又蒳合黍名**閤**古沓切門旁戶小閨謂之閤唐制天子日御前朝見羣臣曰常參朔望薦食陵寢感慕不能臨前殿則御便殿謂之入閤前殿宣政殿便殿紫宸殿立仗于前殿喚仗自東西閤入故曰入閤又門下省以黃塗門謂之黃閤又東閤鈴閤又俗呼小舍皆曰閤又閤閤蛙聲**鴿**鳩屬唐明皇呼爲飛奴鴿喜合凡鳥皆雄乘雌此雌乘雄逐月有子或作雂又舶鴿又蕭鴿貍首皆爪名**韐**韎韐士服蔽膝之衣一曰韎韐以代韠或作帢**蛤**蜃屬本作畣燕所化秦謂之牡厲又雀入大水爲蛤又魁蛤一名復累老服翼所化又蝦蟇大者曰蛤又蛤蚧生嶺南又方諸大蛤取水于月又天蛤又蛤蜊蚶蛤又蝦蛤猛氏皆獸名○**匼**遏合切烏匼巾名又周繞貌詩匼匝馬頭金**姶**女字也春秋傳嬖人婤姶又美好貌一曰無聲古作⿰女邑又**⿰火奄**藏火也**唈**嗚唈

短氣邑阿邑諂諛迎合貌通作匼〇合兩龠爲合又十龠爲合又輕重齊則爲合多少等亦爲合合者相配偶之言也又和也又圭合勺合

十五合 二選

〇榻吐盍切牀也牀狭而長者或作榻懸榻連榻闒闒茸意下也塔物墮聲又浮圖也佛堂也又鴈塔嗒解體貌忘懷也沓徒合切重也又合也噂沓泄沓雜沓合沓顏沓叢沓矢沓颯沓又遝沓大銀櫛也又沓沓猥賤也譗本作沓語多沓沓若水之流謎譗也亦作嗒又作謎誄涾涾涾然沸也今河朔方言謂沸溢爲涾騔馺騔馬行疾也踏踐也本作蹋或作蹹蹴踏騰踏顏踏洞踏遝迨遝行相合也雜遝馺遝〇颯蘇合切翔風也又纚颯紛雜貌又蕭颯衰颯趿進足有所擷取也爾雅趿謂之擷擷摘也靸小兒履也又草櫟又靸然輕舉貌或作鞈靸馺馬行相及

詩韻[illegible]卷之五　入聲

也漢有駁娑殿駁娑參差透遲貌**卅**三十幷也本作卉○**臘**盧合切冬至後三戌臘祭百神夏曰嘉平殷曰清祀周曰大蜡漢曰臘臘合也合祭諸神也又獵也以田獵禽獸祭也又膢臘膢以立秋又桃氏爲劒臘廣三寸有半臘謂兩刃又都曇苔臘外夷樂都曇似腰鼓而小苔臘即楷鼓也**蠟**蜜滓也又梔其貌蠟其言**拉**盧合切[illegible]也折也敗也或作擸亦作拹又作摺又作搚**納**奴荅切亦作內絲溼納納也一曰入也受也又納納廣大包容貌又吐納欲納敷納獻納又艾納松皮上襞衣合諸香煙聚**衲**補也紩也氁衲佛衲○**匝**作合切周也古作帀日一日行一度一歲往反而周匝也徧也或作迊○**雜**徂合切五采相合也本作襍集也稡也穽也參錯也傳雜然前陳鱗雜翁雜

汰字

嚃䵬鈒噆軜鞳漯荅搭

十六葉

葉

○牒 徒協切音與垤同札也又牒簡也又書版曰牒又官府移文謂之牒又訟辭亦曰牒通作諜又玉牒石牒蒲牒

艓 小舟杜取給行艓子

揲 閱持也又揖揲

堞 本作堞城上女垣也今省作堞又雉堞粉堞

蝶 本作蜨蛺蜨也俗作蝶亦曰蝴蝶一名胥

渫 波貌古賦長波浹渫

諜 軍中反間也左傳謂之詠今之細作又曰游偵又譜諜

喋 血流貌又喋喋利尸多言也通作諜

蹀 履也廣韻蹀踏也

鰈 東方比目魚名或作鰨

喋 的協切音與窒同血流喋血謂血流履涉之或作涉

跕 跕跕墮落也史飛鳶跕跕墮水中一曰徐行也又行曳履地

沾 沾沾自整貌史沾沾自喜

○饁 筠輒切餉田野饋也

曄 光也本作曅曄然象草木之盛也或作曅

爗 火盛也詩爗爗震電或作燁燁

業 魚怯切筍簴大版也所以飾縣鐘鼓捷業如鋸齒又爲事業之業又大也緒也次也始也敬也嚴也又凡

所攻治者皆曰業又已然曰業又產業又大造曰大業又建業地名又競業世業慧業作業司業素業

嶪 岌嶪山高貌又作嶫嶫

葉 與涉切草木之葉也又瑞葉薤葉圭葉葵葉貝葉瓠葉又中葉累葉来葉又竹葉酒名又姓

○**接** 即葉切交也持也合也會也相續也連也又三接容接

楫 舟櫂也楫謂之橈或謂之櫂捷也撥水舟行捷疾也楫橈頭索所以縣櫂曰楫一曰在旁撥水曰櫂又謂之楫或作檝艥亦作輯又桂楫

睫 目旁毛也本作䀹挿也挿於睚也或作睫睖亦作𧼘矐

捷 疾萊切獵也軍獲得也一曰亟也勝也成也飲也又報勝曰捷又二十四銖曰兩兩有半曰捷又功捷妍捷又楚人衣服醜敝曰須捷亦曰褸裂貧人衣也

浹 子協切洽也徹也通也一浹洽潤澤周徧也又十日幹一周曰浹日十二日辰一周曰浹辰或作挾周挾讀為浹匝也

○**鋏** 古協切可以持冶器鑄鎔者也一曰若今挾持今鐵夾持鑄鍋者一曰劍把也鐔从棱向背鋏从棱向刃亦作夾又彈鋏莊子說劍周宋為鐔

韓魏為鋏頰面旁也易輔頰史緩頰又豐頰頰頰又堂頰宮室旁莢草實薺莢王棘之屬即令皂莢
又揄莢又蕢莢生尭庭亦曰曆莢篋苦協切音與挈同本作匧椷藏也箱篋也又錦篋扇篋珠篋筐
篋又鼓篋胠篋愜快也本作愿或作㥦亦作悏○鑷尼輒切本作籋箝也鑷子鑷取之器亦作
鑈鈒躡蹈也履也又登也急也史躡蹻擔簦又登躡聶附耳私小語也史呫聶耳語又姓囁
日涉切口聶嚅又呫囁○摺取也又摺疊也慴懼也讋質涉切音與浙同失氣言也一曰中
自服也又震讋一曰不止也或作懾通作慹○獵良涉切獵較也逐禽也田獵四時之田總名為
獵為田除害也又宵田為獵即令夜獵又軨獵小車又狎獵重接貌又獵獵風聲又涉獵漁獵淫獵又緀
獵相差次貌又龜前弇諸果後弇諸獵左倪不類右倪不若通作獦躐踐也又踰跨也躐等也又超躐
淩躐鬣毛髮鬣鬣也鬢鬣也馬領毛魚龍領旁小髻皆曰鬣或作鬛邋又帚也○厭益涉切音

與噎同笮鎮也壓也一曰伏也又厭服又厭冠喪冠也又禳也當也一曰合也詩厭浥行露后厭翟車次其羽使相迫也又損也鄉飲酒賓厭介入門推手曰揖引手曰厭又順從貌傳天下厭然猶一也

壓 一指按也又持也或作擫

靨 頰輔也

○**帖** 他協切靜也妥也服或作慄音與鐵同

帖 說文帛書署也署謂撿署也又券帖也又題賦曰帖又牀前帷也

貼 以物爲質也又裨也依附也黏置也

○**挾** 卑持也射禮搢三挾一凡兩物夾一物曰挾一日輔也又懷也藏也又帶也掖也通作夾俠挾矢挾輈挾纊

俠 傳也遊俠自喜自傳之意也又遊從也行也挾持也言能相從遊行挾持之事又任俠相與信爲任同是非爲俠一曰傍也又作夾近也又豪俠儒俠

協 胡頰切衆之同和也一曰服也合也古作叶亦作旪又作汁又祗協又恊和恊恭

○**燮** 和也又熟也書燮友燮理下从又从火非

躞 蹀躞行貌或作⿰足習

屧 蘇協切屧中薦也本作屟屧中替也又屐也又吳響屧廊又寶屧又斫屧

步蹀

○怯　去劫切多畏也本作㹤今作怯怯畏懦也懾也恇怯也

劫　居怯切欲去以力脅止劫持也又浩劫宮殿大階級也又塔也又劫劫猶汲汲也又梵書以一世爲一劫又劫灰歲劫塵劫又強取也剽掠也通作刦

○跲　極業切音與竭同躓也一曰代也或作劫

拾　更也儀禮大射拾發以將乘矢又檀[illegible]拾[illegible]注射者拾發投壺者拾級踊者拾踊皆更爲之拾級者左右足更上上階以相鄉爲義

○浥　乙業切音與謁同潤也詩厭浥行露又宊陷也古賦蹹波趨浥

裛　書囊也又纏也古賦裛以藥繡

又帢也香襲衣也

○脅　虛業切兩膀也脅脅腋下也或作胠亦作脇月脅騈脅又眭篋

愶　怯也又以威力相恐也通作脇亦通作嚐

○輒　陟葉切音與浙同車兩輢也一曰專輒又車相倚也忽然也又每事即然也从耴俗作取非

鮿　膊魚不鹽也傳鮿鮑千鈞即今不著鹽而乾者鮑今之鰛魚

○攝　書涉切引持也又總也又兼也一曰假也又牧歛也又追也捕也又飭整也又曰龜名又日攝

欇攝又聊攝齊西地葉縣名在南陽今汝州昆陽城○歙歙氣也一曰縣名以歙浦名涉實攝切徒行厲水也本作𤃘由膝以上爲涉又草行曰跋水行曰涉又漳水別名又參涉遊涉巨涉深涉利涉○妾七接切有辠女子給事之得接於君者妾不娉也又奔則爲妾臣妾孽妾○笈其輒切驢上負也本作极极之言篋也古人多言負笈謂自負之也○捻奴協切捏也指捻也通作敜

汰字

韘䮖敜苶蛈

十七洽

合

○洽侯夾切霑也一曰和也又水名又馮翊有郃陽縣又淵洽遲洽又協洽未歲名陝隘也或作陿陿隘也山陗而夾水曰陿亦作峽蜀楚之交山有三峽又作狹古作雷峽巴陵楚地有三峽明月峽

巫山峽廣澤峽

祫 大合祭先祖親疎遠近也三歲一祫五歲一禘禘以四月祫十月冬五穀成骨肉合飲食於太祖謂之殷祭

帢 苦洽切弁缺四隅謂之帢帽也一日按頭使下故曰帢或作帢亦作[illegible]邑袷又作帢[illegible]又白帢

掐 抓也爪刺也

恰 用心也又適當之時又恰恰鳥鳴聲

○**夾** 古洽切持也左右持也又兼也相雜也夾輔夾日又鉗夾

筴 箸也或作梜

韐 韎韐本作韐士無芾有韐制如楹鈌四角

郟 郟鄏地名又郟縣在潁川郡又姓

○**揷** 楚洽切刺入也或作捷考工記廬人矜所捷文選揷志歸之矢通作臿史臿石通作扱扱袥曰緉

臿 春去麥皮也一日干所以臿之或作[illegible]畚又作接禮大祭祀共其接盛接讀為扱扱以受舂人舂之也

鍤 郭衣鍼也一日鍪也或作緁斬謂之紩逵作臿史舉臿為雲通作揷史身操版揷又杖鍤

歃 色洽切歃也盟者以血塗口旁曰歃血或作喢亦作啑唼

○**箑** 色甲切音與翣同扇也自關以東謂之箑西謂之扇通作篓

萐 萐莆瑞草也王

者不嗜味則韭蒲生于廚中霎雨聲一日小○狎胡甲切獸之可狎者惟犬又習也親近也玩熟也一曰更也或作押又串狎旁狎柙檻也以藏虎兕匣匱也箱也通作柙王匣鏡匣○鴨鳥甲切本作鴄鳧鷖鴨也石首成鴨一名鶩一名舒鳧亦作鴄鴨鳥帶又土鴨蛙黽也又金鴨爐也又射鴨堂名押署也今人言文字押署是也又管拘拘率也又按也又用韻曰押押者壓也壓壞也一曰塞補也鎮也降也笮也或作厭又彈壓摧壓○霅直甲切雷霅雷電貌霅雨也一曰霅衆言也又颯霅吸呷衆聲也喋唼喋鳥食貌○乏房法切反正為乏正乃射侯正以受矢乏以藏矢是相反也大射供三乏乏一名容三獲三容以其矢至侯方乏不去又承乏振乏法方乏切刑也又作灋平之如水从水廌所以觸不平者去之又則也數也常也又方法凡技術可效者皆曰法又則效也又李法黃帝刑書又圖法兵法○呷迄甲切吸呷又嗢呷衆聲劄竹洽切刺著也又劄子康人奏

事非表非狀者謂之劄子亦謂之錄子又謂之榜子又錄也　○甲古狎切十幹之首數居天一方居東音屬角歲在甲曰閼逢月在甲曰畢又令甲法令首章又科甲首舉名第又保甲又草木初生曰甲又蟲介曰甲又狎也又文甲即玳瑁又蛹押補也又甲螺甲菉甲甲折裹甲蹲甲擐甲古作命押籬壁也又檢押撿束也一曰猶隱栝也又拱押

汰字

硤鴨胛呷翣袷

詩韻[illegible] 卷之五

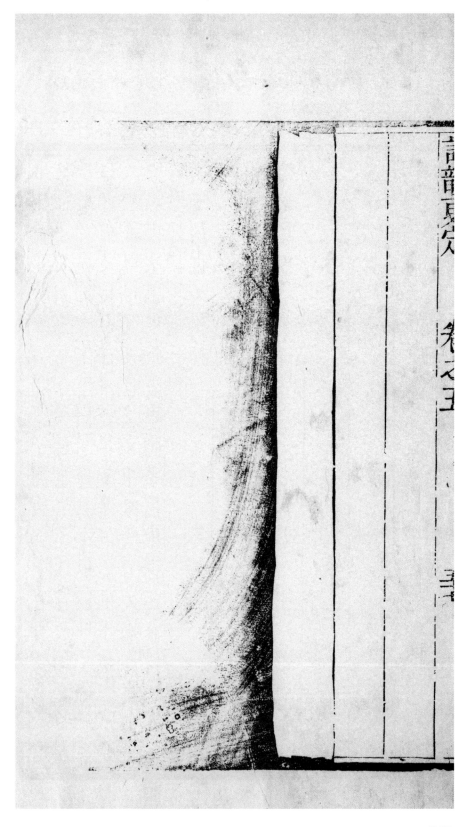